古墳

松木武彦

角川文庫
24217

はじめに

千数百年前に先祖たちが築いた大きな土木建造物が、これだけそこここに、ときには群を抜くほどの規模と数で現代に残されている国は、日本以外にありません。この驚くべき存在が「古墳」なのです。数は約一六万基、コンビニエンス・ストアの数よりもはるかに多いといわれます。もっとも大きいものは、本体だけで長さが五二五メートル、高さが四〇メートル以上もあって、エジプトのピラミッドや中国古代の皇帝陵に匹敵します。

ここで重要なのは次の点でしょう。巨大なピラミッドや皇帝陵を築いたエジプトや中国は、それらが示す強力で広域の古代帝国を打ち立てました。にもかかわらず、なぜ日本はそれほどの広さや強さをみせる集権的な帝国を築かなかったのでしょうか。日本の巨大な古墳とは、いったい、歴史的にどのような存在意義や役割や機能を果たしたのでしょうか。これは、いま世界の人類学を引きつけている大疑問です。
この大疑問に真っ向から立ち向かう姿勢は、実は、これまでの日本の考古学研究や古代史研究では、あまり盛んではありません。その大きな原因の一つは、古墳の意味や意義を日本列島の中だけで考えることが、学界の一般常識であり続けてきたからでしょう、中国を中心とするアジア史の中にくわしく意味づけようとする人も少なく、人類史の中での意義を問う機会もきわめて乏しかったのです。『古事記』や『日本書紀』といった日本語の史料から古墳の歴史を読み解いていく姿勢が、いまの古墳研究のもっぱらの道筋となっています。そもそも、「ピラミッド」や「皇帝陵」や「王墓」といった古墳の比較対象が、人類史研究において共有された普通名詞（「ピラミッド」は中央アメリカのテオティワカンやマヤのものもそう言いますね）なのに、「古墳」は固有名詞なのです（朝鮮半島の王墓を「古墳」とよぶ人もいますが、それには反対意見があります）。

固有名詞としての日本の古墳は「前方後円墳秩序」「前方後円墳体制」とよばれたり、それを規範とする社会としての「前方後円墳国家」が、古墳時代の歴史的意味づけに用いられたりしています。もちろん古墳にはそのような特性もあり、

「秩序」「体制」「国家」に基づく研究に一定の意味と成果があったことは否定できません。しかしこれからは、それぱかりを追究しても、古墳の歴史的意味は一元的・部分的にしか理解されず、結果として、ピラミッドや皇帝陵との人類学的比較はむずかしいでしょう。ひいては、なぜ日本に古墳のような巨大な建造物が目に余るほど築かれ、独自で不思議な国家（あるいは国家と呼んでいいのか）につながっていったのかという、人類学的な掘り下げも不可能です。

この本の大きな目的は、それを可能にする、古墳のさまざまな見方やとらえ方の新しい提案です。いまおこなわれているような、古墳の年代・規模・形状などをくわしく調べ、もっとも大きな前方後円墳を「大王墓」とし、それを頂点とした階層的地位を復元することで、中央と地方との政治的関係を復元していくような作業とは異なる視点で古墳を見ていきたいと思います。

そのためにも、大きくて有名な前方後円墳のみではなく、小さくても個性をもっていたり、近畿の大王墓とはまったく異なる景観を見せたりする日本各地の古墳を、たっぷりと紹介します。また、古墳が現れた三世紀から、古墳を造らなくなる七世紀まで、その姿や内容が大きく変わっていくプロセスを追います。古墳が一貫して「秩序」や「体制」や「国家」の表現や反映であったわけではないことを考える起点にしたいと思います。

それを意図して各地の古墳の写真（多くは私自身が撮影してきたものです）を集めていって気づいたのは、日本の四七都道府県のすべてから一つ以上の古墳（ただし二県のみ古墳そのものではなく、その関連遺跡にとどまっていますが）がそろっていることです。読者のみなさんのご近所にある、あるいは毎日のように上っておられる身近な古墳の写真が出てくるかもしれません。それらの見どころや歴史的な意義は、古墳の意味を明らかにするためにいずれも重要なものです。

この本のもう一つの特徴は、それぞれの古墳を、空中写真などではなく、実際にそこに立って望める位置からの写真によってお示ししていることです。その古墳を築いた時代の人びとと、視点や視線や視野を共有することが古墳の理解に直結するという期待をこめています。それでは、さっそく紹介していきましょう。

目次

本文デザイン／山下武夫（クラップス）
DTP／クラップス

第1部　いろいろな形の古墳

主な古墳の種類

八角形墳　帆立貝形古墳　円墳　前方後円墳

連接墳　方墳　前方後方墳　双円墳

上円下方墳　六角形墳　双方中円墳

日本の古墳が人びとの興味を引きつけてきた一つの特徴は、その形がピラミッドや皇帝陵のような単一の様式ではなく、古墳全体として何種類かの形から成り立っていることでしょう。そのおもしろさと、それが何らかの意味をもつという想像が、人びとの好奇心を刺激してきたのかもしれません。とくに、スケールが一番大きく、日本の古墳にしかないと思われている前方後円墳は、魅力の中心になっているようです。

第1部では、これまで親しまれてきた種類ごとに各地の古墳をまず歩き、それぞれの特徴をあらためて観察してみましょう。もっとも数の多い円墳は、はたして小さいものばかりなのか。次に多い方墳は、古墳時代の始まりから終わりまで同じ姿なのか。そんな注意を振り向けながら、ルーツとなった弥生時代の墳墓も含めて見ておきたいと思います。

そして、一番の代表格として古墳のファンや研究者の注視の的となってきた前方後円墳と前方後方墳が、いつ、どのような姿で現れるのか。さらには、その変形とみられる帆立貝形古墳や双方中円墳などがどう出てくるのか。そのへんもながめておきたいところです。あとは横穴・洞窟など、墳丘以外の要素ものぞいておきましょう。東北から九州まで、日本列島各地の古墳探訪を始めましょう。

円墳

シンプルに迫る体積の迫力①

前方後円墳と拮抗する巨大円墳

丸墓山古墳

埼玉県行田市

円墳は、古墳時代を通じて最も多い墳形である。とくに五世紀後半以降は、豊かな農民や職人などの一般層が、径一〇～二〇メートルほどの小型の円墳群を各所に営み、「古墳といえばほぼ円墳」のような世界が現れた。いっぽう、径三〇メートルを超える氏族長たちの大型円墳も、古墳出現まもない四世紀前半から築かれ、四世紀後半から五世紀には数を増した。丸墓山古墳は富雄丸山古墳（奈良県）と並ぶ巨大円墳の双璧で、その圧倒的な体積には息をのむ。

DATA

形状：円墳
規模：高さ17m、径105m
築造時期：6世紀前半
埋葬施設：不明
出土遺物：不明
被葬者説：小杵

円墳 シンプルに迫る体積の迫力②

飛鳥時代最後の貴族の二段円墳

高松塚古墳

奈良県高市郡明日香村

古墳時代も終わりに近い六世紀後半、大王・王族・豪族は、前方後円墳でなく、大型の方墳に葬られることが多くなるが、円墳の例もある。押坂彦人大兄王子（おしさかのひこひとのおおえのみこ）の墓とされる牧野（ばくや）古墳（奈良県）や、穴穂部（あなほべ）・宅部（やかべ）の両王子を葬ったとの説のある藤ノ木古墳（同）などがあげられる。こうした高位の円墳は七世紀の飛鳥時代にも受け継がれ、壁画で有名な高松塚古墳（同）はその好例である。版築（はんちく）技法で腰高の二段に築かれ、一般の小円墳とは格の違いをみせる。

DATA

形状：円墳
規模：高さ7m、径23m
築造時期：7世紀末～8世紀初頭
埋葬施設：切石積横穴式石室＋漆塗木棺
出土遺物：海獣葡萄鏡、玉類、大刀金具など（副葬）
被葬者説：忍壁皇子、高市皇子、弓削皇子、石上麻呂など

古墳の底流のルーツ

歳勝土方形周溝墓群

(さいかちどほうけいしゅうこうぼぐん)

神奈川県横浜市

　弥生時代、西日本では紀元前四世紀の前期後半から、東日本でも紀元前一世紀の中期後半から、低い方形の墳丘に木棺などを葬る方形周溝墓や方形台状墓が一般化した。歳勝土方形周溝墓群は、良好に保存されたその好例である。これらはそのまま、古墳時代が始まる三世紀中ごろ以降も、前方後円墳を築けない一般層の小方墳群となる。これらの小方墳群の多くは、五世紀後半には小円墳群へと姿を変え、六世紀後半以降の大型方墳へは続かない。

DATA

総数：25基（復元5基）
規模：一辺10～15m前後
築造時期：紀元前1世紀
埋葬施設：木棺

方墳 最初は一般層の墓、後には大王・貴族の墓も②

国造の巨大方墳

龍角寺岩屋古墳

千葉県印旛郡栄町

六世紀後半、前方後円墳に代わって主流化した方墳は、大王・王族や近畿の大豪族以外にも広まった。飛鳥時代に入る七世紀前半頃には、列島各地の最有力豪族の長の多くが、こぞって大型の方墳に葬られるようになる。そのため、方墳を「国造」の地位の反映だとみる説もある。下総の印波国造との関係がささやかれる龍角寺古墳群（千葉県）では、七世紀前半に岩屋古墳が築かれた。近畿にも例がないほどの規模をもった巨大方墳である。

DATA

形状：方墳
規模：高さ13.2m、一辺78m
築造時期：7世紀前半
埋葬施設：横穴式石室2
出土遺物：不明

先史日本のシンボル①

優美な四世紀の前方後円墳

稲荷森（いなりもり）古墳

山形県南陽市

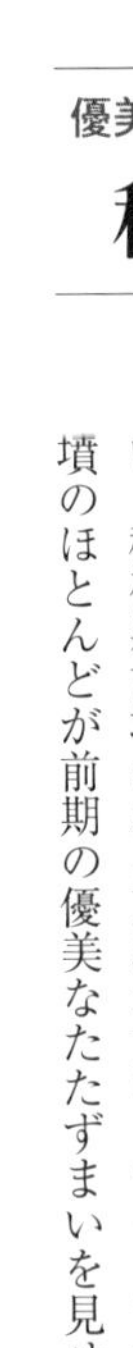

前方後円墳は、築かれた時期によって雰囲気がちがう。古墳時代が始まる三世紀後半から四世紀の前期前方後円墳は、しばしば曲線的な輪郭をもった前方部が、後円部の低い位置に取り付き、優美な立面形を見せる。このような前期の前方後円墳の分布範囲は、次に述べる中期の前方後円墳よりも、実は広い。稲荷森古墳のある東北地方などでは、前方後円墳のほとんどが前期の優美なたたずまいを見せる。

DATA

形状：前方後円墳
規模：高さ9.6m（後円部）、長さ96m
築造時期：4世紀後半
埋葬施設：不明

豪壮な五世紀の前方後円墳

横瀬(よこせ)古墳

鹿児島県曽於郡大崎町

大阪府の古市(ふるいち)古墳群・百舌鳥(もず)古墳群を中心とする古墳時代中期の前方後円墳は、後円部と前方部とがひと続きの三段に築かれ、豪壮な一体感をかもし出す。五世紀の中ごろには前方部の高さが後円部の高さに迫り、後半にはついにそれを凌駕する。このような大型の前方後円墳は、九州から関東までの各地の中枢部に築かれ、周囲に中小の古墳を配置して、政治的な威儀をみせる。横瀬古墳の主は、五世紀中ごろの南九州大隅地域の政治的盟主であった。

DATA

形状：前方後円墳
規模：高さ15m（後円部）、長さ128m
築造時期：5世紀中ごろ
埋葬施設：竪穴式石室

右が後円部、木立に包まれた左の高まりが前方部

スタイルを変える六世紀の前方後円墳

市尾墓山古墳（いちおはかやま）

奈良県高市郡高取町

古墳時代後期の六世紀に、前方後円墳の構造が大きく変わる。五世紀までは後円部頂上の広場に竪穴式石室を設けて主を天近くに葬っていたのに対し、六世紀になると後円部の中腹や底部に横穴式石室を設け、主は天近くでなく地に配置されるようになる。このことを受けて、前方後円墳は高さを必要としなくなって小型化を始め、大王や有力豪族のものでも二段へと減る。市尾墓山古墳は、その典型的で美しい後期前半の例である。

DATA

形状：前方後円墳

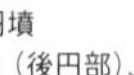

規模：高さ8m（後円部）、長さ66m

築造時期：6世紀初め

埋葬施設：横穴式石室＋刳抜式家形石棺

出土遺物：馬具、鉄刀片、鉄鏃、胡簶片、須恵器など（副葬）

被葬者説：巨勢男人

前方後円墳

先史日本のシンボル④

大王が築いた最後の巨大前方後円墳

五条野丸山古墳

奈良県橿原市

六世紀後半に築かれた五条野丸山古墳は、長さ三一〇メートルという、古墳時代後期にしては異例な巨大さである。ただ、土饅頭状の後円部の裾から低く平らな前方部が伸びるという、変わった立体形をもつ。欽明大王の墓とする説が近年では有力で、同じ特徴をもった大型二段の前方後円墳が、河内大塚山（大阪府）、こうもり塚（岡山県）、馬越長火塚（愛知県）など、主要な各地に点在する。欽明大王と密接な関係をもった王族や豪族の古墳であろう。

DATA

形状：前方後円墳
規模：高さ21m（後円部）、長さ310m
築造時期：6世紀後半
埋葬施設：横穴式石室＋刳抜式家形石棺2
埴輪：なし
出土遺物：唐式鏡、須恵器など（副葬）
被葬者説：欽明大王と堅塩媛

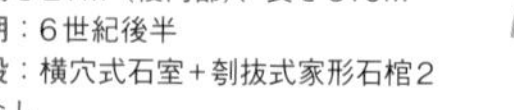

野山を切りさく直線美①

西日本源流の後円墳と並ぶ
東日本出自の後方墳

山谷（やまや）古墳

新潟県新潟市

東日本の弥生時代中期後半（紀元前一世紀ごろ）に古墳の原型として現れた方形周溝墓や方形台状墓に、弥生時代後期（紀元後一〜二世紀）になってから一本の突出部分が付いた有力なものが増え始める。その三世紀以降のものが、古墳の一種である前方後方墳と呼ばれているのである。こうした在地的なものなので、長さは三〇〜五〇メートルほど、村の小氏族の主が葬られていることが多い。高い尾根上の山谷古墳は四世紀前半の北陸北部の典型である。

DATA

形状：前方後方墳
規模：高さ4m（後方部）、長さ37m
築造時期：4世紀前半
埋葬施設：木棺
出土遺物：ガラス小玉、管玉、鉄製品(副葬)

野山を切りさく直線美②

粘る前方後方墳

柳田布尾山（やないだぬのおやま）古墳

富山県氷見市

前方後方墳を古墳起源の主流としていた東日本でも、古墳時代前期も後半に入る四世紀中ごろになると、氏族長の古墳はやや大型の前方後円墳へと交替していく。ただし、前方後方墳への粘りを見せつづける氏族長も、各地で五世紀に入るころまで見られることがある。柳田布尾山古墳は、長さ一〇七メートルと大型化され、日本海側では最大の前方後方墳。ただし以後はもう、ほぼ山陰の出雲地域以外、氏族長の大型前方後方墳は消える。

DATA

形状：前方後方墳

規模：高さ10m（後方部）、墳丘長107m

築造時期：4世紀前半

埋葬施設：粘土槨

円形周溝墓

弥生の伝統をひくレア墳形①

弥生時代にさかのぼる
レア墳形のルーツ

有年原田中（うねはらたなか）1号墳丘墓

兵庫県赤穂市

前方部が両側に二本付いたとみなされる双方中円墳は、古墳時代前期の三～四世紀に限られ、しかも数は非常に少なく、確実なものは、ほぼ讃岐（香川県）に限られる。ただ、形の伝統は東日本の方墳と同じように弥生時代の円形周溝墓にさかのぼり、讃岐を含む中～東部瀬戸内で主たちの墓として発達した。有年原田中1号墳丘墓は紀元後一世紀の後期前半でほぼ最古。後期後半の紀元後二世紀に吉備に築かれた王墓といわれる楯築（たてつき）墳丘墓（岡山県）は最大。

DATA

規模：径19m（円形部）
築造時期：1世紀
埋葬施設：不明

前方後円墳

弥生の伝統をひくレア墳形②

大王墓に侍る似非双方中円墳

櫛山古墳

奈良県天理市

双方中円墳は、古墳時代前期の三～四世紀の讃岐（香川県）にほぼ限られる。その中で、日本最大かつ著名な櫛山古墳（奈良県）が、崇神大王墓とされる柳本行燈山古墳（奈良県）の背後に、「山の辺の道」をはさんで位置する。ただし、二つの方形部は対称でなく、柳本行燈山の側の方が正式な長い前方部、反対側の方は短い儀礼壇ともいうべき高まりで、厳密には双方中円墳とよべない。ただ、この儀礼壇の雰囲気は日本の古墳の中でも屈指の魅力である。

DATA

形状：前方後円墳
規模：高さ17.5m（後円部）、長さ155m
築造時期：4世紀後半
埋葬施設：竪穴式石室・長持形石棺
出土遺物：腕輪形碧玉製品、鉄製武器など（副葬）

後円部から儀礼壇を見下ろす

帆立貝形古墳

前方部が小さいのか、後円部が大きいのか①

武蔵の大武人

野毛大塚古墳

東京都世田谷区

帆立貝形古墳とは素朴な名称であるが、古墳時代中期の五世紀を通じ、ほぼ全国的に流行して、おそらくは一つの地位や身分を示したものであろうといわれる。前方部が低く短い変形前方後円墳とみなされている。五世紀でも前半のものはしばしば大型で、全長が一〇〇メートルを超え、地域の王の墓にも迫るほどのものがある。野毛大塚古墳も全長が八二メートルもあってそのクラスに迫り、多数の鉄製武器が副葬されていたことが発掘でわかった。

左奥が後円部、右手前が前方部

DATA

形状：帆立貝形古墳
規模：高さ11m（後円部）、長さ82m
築造時期：5世紀前半
埋葬施設：粘土槨（木棺）1、箱式石棺1、木棺2
出土遺物：青銅鏡、鉄製甲冑・刀剣・鏃、玉類など（副葬）

前方部が小さいのか、後円部が大きいのか②

五世紀後半になると、帆立貝形古墳は小型化していくが、各地でその数は増えていく。大型の前方後円墳に従うことが多いが、帆立貝形古墳のみが群在する場所も出てくる。発掘調査例はかなりあり、特徴としてしばしば指摘されるのは、甲冑・刀剣・弓矢・馬具など、武器関連の副葬品が多いことである。朝鮮半島諸国に対する軍事的な支配を名目として中国皇帝に望んでいた五世紀の倭の政治思想が、もっとも鮮やかにうかがえる古墳の姿である。

整備復元された
帆立貝形古墳

志段味（しだみ）大塚古墳

愛知県名古屋市

DATA

形状：帆立貝形古墳
規模：高さ7m（後円部）、長さ62m
築造時期：5世紀後半

埋葬施設：粘土槨・木棺直葬
出土遺物：青銅鏡、馬具、挂甲、帯金具、刀剣など（粘土槨副葬）

珍しい双円墳

金山古墳

大阪府南河内郡河南町

前方後円墳が築かれなくなった六世紀末から七世紀にかけては、圧倒的多数の円墳、および高位向けの方墳や八角形墳など、平面は単独形の古墳世界となる。しかし、そのような中でごくごくまれに、円墳を二基連結した双円墳が認められる。今のところ、奈良県の飛鳥と並んで、この時期の大王や豪族の古墳が多かった大阪府の河内に集中している。金山古墳は二段の北円丘と三段の南円丘を連接した長さが八五・八メートルもあって驚く。

DATA

形状：連接墳（双円墳）
規模：高さ9.4m（南円丘）、
長さ85.8m
築造時期：6世紀末～7世紀初頭

埋葬施設：横穴式石室＋刳抜式家形石棺2
（北円丘）
出土遺物：玉類、銀環、帯金具、鉄製武器片、
須恵器など（北円丘石室副葬）

双方墳もあるのか

定東塚・定西塚古墳

岡山県真庭市

前方後円墳がなくなって飛鳥時代に入るころから、方墳を連接させた双方墳もまれにある。大阪府の河内にある二子塚古墳と葉室塚古墳は、いずれも有力豪族の墓とされ、双円墳・双方墳とも高位身分向けの傾向が、近畿中央部では強そうである。地方ではどうであろうか。七世紀の吉備中枢部とされる北房地域の定東塚（写真右側）・定西塚（写真左側）の両古墳は連接した真の双方墳ではないが、一メートル以内に近接して築かれ、いずれも大型の横穴式石室をもつ。

DATA

形状：連接墳（2基の方墳）
規模：一辺18～25m（定東塚）、一辺14～16m（定西塚）
築造時期：7世紀前半
埋葬施設：横穴式石室＋陶棺4・木棺（定東塚）、横穴式石室＋陶棺6・木棺（定西塚）
出土遺物：装身具（耳環・金糸など）、鉄製武器（大刀・鏃など）、斧状鉄製品、馬具、土器など（定東塚・副葬）、鉄製武器（大刀・鏃など）、馬具、土器など（定西塚・副葬）

大王につながる高貴な墳形①

女王が眠る白亜の八角形墳

牽牛子塚古墳（けんごしづか）

奈良県高市郡明日香村

飛鳥時代から奈良時代初頭にかけて営まれた大王（天武以降は天皇）の古墳の最後のスタイルが八角形墳であることは、ほぼ確定している。段ノ塚古墳（舒明）、牽牛子塚古墳（斉明）、御廟野古墳（天智）、野口王墓古墳（天武・持統）、および中尾山古墳（文武）の五基。ただし、八角形墳は飛鳥時代の関東などにもあって、大王の地位のみを表したものではない。八角形とは仏教起源のデザインの可能性が高く、牽牛子塚古墳は白色凝灰岩で三段の塔状に築かれている。

DATA

形状：八角形墳
規模：高さ4.5m、対辺長22m
築造時期：7世紀後半
埋葬施設：横口式石槨（二室構造）＋乾漆棺
出土遺物：玉類など（副葬）
被葬者説：斉明大王

大王につながる高貴な墳形②

珍しい六角形墳

塩野六角古墳（しおのろっかくこふん）

兵庫県姫路市

飛鳥時代には八角形墳を代表とする墳丘の多角形化が、大王などの高位の古墳を中心に進むが、その変形とみられる六角形墳はきわめて珍しい。奈良時代に入る八世紀初頭に天智天皇の皇子の墓として築かれたとみられるマルコ山古墳（奈良県）は、もっとも有名な例である。他には少ないが、塩野六角古墳は対辺長七メートルときわめて小さく、飛鳥時代の七世紀後半に築かれた、地方貴族にしては格の高い人物の墓であったと考えられる。

DATA

形状：六角形墳
規模：対辺長7m
築造時期：7世紀後半
埋葬施設：横穴式石室
出土遺物：須恵器（副葬？）

関東に多い上円下方墳

武蔵府中熊野神社古墳

東京都府中市

前方後円墳がなくなる飛鳥時代には、大王や有力豪族など上位層の墓として八角形墳・六角形墳・双円墳・双方墳といった各種が案出される。これらは王権の中枢に近い近畿中央部の飛鳥と河内に集中するが、もう一種の上円下方墳のみは、なぜか関東を主とする東日本に多い。武蔵府中熊野神社古墳は一辺三二メートル、三段築成で下二段が方形、上一段が円形で、複室構造の横穴式石室をもつ。なお、明治・大正・昭和の天皇陵もまた上円下方墳である。

DATA

形状：上円下方墳
規模：高さ4.8m、一辺32m
築造時期：7世紀後半
埋葬施設：横穴式石室＋木棺
出土遺物：大刀片、玉類など（副葬）

正面観に凝る飛鳥時代の古墳

大谷（おおや）1号墳

岡山県真庭市

飛鳥時代の古墳は、上位層の墓を中心にさまざまな墳形が案出されるとともに、高さや段が発達するので、とりわけ立体的な正面観が重視されることが多くなる。飛鳥時代に吉備中枢部の一つであった北房地域には、正面観に凝った豪族層の古墳が集まっているが、大谷1号墳は石材を貼った三段の方墳の正面下方にさらに二段の石列を設け、五段のファサードの偉観が整えられた。六七二年に死去した吉備大宰石川王（たいさいいしかわおう）の墓とする説がある。

DATA

形状：方墳
規模：高さ3.8m、22m×9.8m
築造時期：7世紀後半
埋葬施設：横穴式石室＋陶棺・木棺
出土遺物：装飾大刀、鉄鏃、斧状鉄製品、土器（副葬）

積石塚

どこまで掘っても石・石・石①

讃岐の前方後円墳は
積石が特徴

野田院（のたのいん）古墳

香川県善通寺市

古墳は、土で築かれている。表面に石を貼って（葺石（ふきいし））石製建造物のように見せることもあるが、本質は土製構築物である。ただし、そのような古墳の中にごくごく一部、表面から底部まですべて石を積み重ねて墳丘とした「積石塚（つみいしづか）」と呼ばれるものがある。もっとも古く積石塚の集中するのは古墳時代前期、三世紀後半から四世紀の讃岐（香川県）で、前方後円墳の大半が積石塚。「讃岐型前方後円墳」と呼ばれる。ただし野田院古墳は、前方部のみ土築。

手前が後円部、右奥に前方部

DATA

形状：前方後円墳
規模：高さ2m（後円部）、長さ44.5m
築造時期：3世紀後半
埋葬施設：竪穴式石室2
出土遺物：鉄剣、ガラス玉など（副葬）

積石塚

どこまで掘っても石・石・石②

孤島の岩浜に累々と並ぶ

相島（あいのしま）積石塚群

福岡県糟屋郡新宮町

古墳時代中期の五世紀に入るころ以降、積石塚が集中する場所は、讃岐以外にも出現する。信濃の大室（おおむろ）古墳群（長野県）はその最大の群で、高句麗からの渡来集団の墓ではないかという考えがある。高句麗には古くから積石塚が多いからである。いっぽう、九州は筑紫の宗像（むなかた）沖に浮かぶ小島の相島に、二五〇基強の積石塚が築かれている。高句麗系というよりも、土がなく岩石だけという地理的条件に沿った可能性が高い。古墳時代の景観がそのまま残る貴重な場所。

DATA

総数：254基
形状：前方後方墳1、円墳、方墳
築造時期：4～7世紀
埋葬施設：箱式石棺、横穴式石室など
出土遺物：鉄製武器片、耳環、土器など（副葬）

古墳のマンション

観音山横穴墓群

大分県宇佐市

日本列島に一六万基もある古墳のすべてが墳丘（塚）をもつわけでない。とくに、古墳時代後期に入る六世紀以降、横穴系の古墳は、石で築いて墳丘で覆った横穴式石室と、土や岩の斜面などを掘り込んで墳丘は作らない横穴墓との二種に分かれる。横穴墓は九州からすぐに全国に広まり、少なくても十数基、多ければ数百基からなる横穴墓群が各地で流行。横穴式石室の古墳を一戸建ての家にたとえるなら、横穴墓はマンションのようである。観音山横穴墓群は当時の景観がよくうかがえる一例。

DATA

墳形：墳丘のない古墳（横穴・洞窟）
築造時期：6～7世紀

墳丘のない古墳（横穴・洞窟）

海洋民の眠る場所

大寺山洞穴・鉈切洞穴

千葉県館山市

墳丘のない古墳には、もう一種ある。洞穴内への埋葬で、その大半は海食洞。入口から海が見える洞の床面に、土を掘り込んだり、石を組み合わせた簡単な棺を作ったりすることが多いが、木製の丸木舟そのものを棺として配置することもある。大寺山洞穴では、一二隻の丸木舟の棺が発見された。副葬品には、土器や玉類だけではなく、古墳時代中期の五世紀に王権から授かった鉄製の甲冑も含まれ、海洋活動を得意とした有力層の墓とみられる。

鉈切洞穴

大寺山洞穴

DATA

築造時期：5世紀前半～7世紀後半（大寺山洞穴）、6～7世紀（鉈切洞穴）
埋葬施設：丸木舟12（大寺山洞穴）

出土遺物：鉄製甲冑、大刀・鏃、玉類など（大寺山洞穴・副葬）、大刀片、鉄鏃（鉈切洞穴・副葬）

装飾古墳

あの世への旅を描く

五郎山古墳

福岡県筑紫野市

古墳時代後期の六世紀以降、横穴式石室の壁や、横穴墓の内部や入口に、彩色で絵や文様を描き始める風習が、九州で大流行し、山陰や北関東などにも少し伝播する。横穴線刻の装飾はさらに広い範囲に普及。横穴式石室に彩色された絵を見ると、この世からあの世へと死者は舟で水を渡り、それを鳥が先導したり、馬が供をしたり、楯や弓や矢筒などが守護をしているという共通のパターンを見出すことができる。

墳丘と石室入口

壁画実大レプリカ(近在の五郎山古墳館にて見学可能)

DATA

形状：円墳
規模：高さ5.5m、径32m
築造時期：6世紀後半
埋葬施設：横穴式石室
出土遺物：玉類、土器など(副葬)

装飾古墳

あの世への旅を岩に刻む

鍋田横穴墓群

熊本県山鹿市

横穴墓の内部や入口には、しばしば線刻や浮彫や彩色で絵や文様が描かれる。近畿など各地でも認められるが、もっとも壮観なものは九州に多い。内容は横穴式石室の壁に描かれる、あの世への旅立ちや、それを助ける人物や馬、その守護として楯や弓矢や矢筒などがよく出てくる。古墳時代後期の六世紀以降に作られたらしい鍋田横穴墓群は、六一の横穴墓からなり、そのうち27号横穴墓の入口左側に施された線刻と浮彫は見事である。

27号横穴墓正面

27号横穴墓入口左側の浮彫、左から楯、その右上に弓矢、中央に矢筒、その右に人物

DATA

総数：61基
形状：墳丘のない古墳（横穴・洞窟）
築造時期：5～8世紀
埋葬施設：竪穴式石室・箱型石棺・合掌形石室・横穴式石室
出土遺物：ガラス小玉・耳環・馬具

第2部　古墳の歴史をたどる

古墳の出現・発達・衰退・消滅は、日本列島の歴史でもあるし、東アジアの歴史、ユーラシアの歴史、そして人類全体の歴史でもあります。第2部では、まずそれを浮き彫りにしておきたいと思います。

高層ビルやダムのような物理的・経済的機能をもたないにもかかわらず、目を引き、心をとらえる構築物を、考古学や人類学では「モニュメント」と呼んでいます。モニュメントは、その社会のしくみや秩序を支える世界観や思想を演出するために作られ、儀礼場や防御集落のように集団のきずなや威信をしめすものと、墳墓や神殿のように個人の力や権威をしめすものとがあります。古墳は、後者の世界的代表格でしょう。どのような種類のモニュメントがどんな順番で現れ、どう発展し、どうなくなっていくのか。これを整理しておくことは、その社会の歴史や特質を明らかにするための第一歩の作業になります。

この作業を、第2部では三つに分けておこないます。一番目は人類史全体の中で、古墳はどう現れるのか。二番目は、東アジアで登場した一群の墳墓のモニュメントの中に、古墳はどう位置づけられるのか。三番目は、日本列島の中で古墳はいつどんな形で現れ、どう展開し、終わりに向かうのか。さあ、見ていきましょう。

世界史としての古墳時代①

地球の各地で先史文明が発展し、階層社会ができ、民族の意識が芽生え、国家へと成長していくという歴史のプロセスが多出する。このプロセスで、たくさんの人が力を合わせ、目を引く巨大な記念物―モニュメント―を作り、階層・民族・国家のアイデンティティとして活かしていくことは、人類史上ふつうにみられる。日本の特徴は、このモニュメント、すなわち古墳の巨大さと数の多さ。その解明こそは、これからの古墳研究の最大の基本的課題である。

最大の古墳　大仙陵古墳（「仁徳天皇陵」）（大阪府堺市）
前方後円墳　高さ40ｍ（後円部）、長さ525メートル

築造時の姿に復元された最大の古墳　五色塚古墳（兵庫県神戸市）
前方後円墳　高さ19ｍ（後円部）、長さ194メートル

世界史としての古墳時代②

地球上各地最初のモニュメントは、まだ平等を保っていた人びとが自分たちのアイデンティティを発揮するもので、共通のまつりの場である「サークル」や、先祖を守るた

大湯ストーンサークル（環状列石）（秋田県鹿角市、縄文時代）

キウス周堤墓群（集団墓）（北海道千歳市、縄文時代）

めの集団墓が、世界中に共通したスタイルで作られた。紀元前五千年ころからの新石器時代、日本列島では縄文時代がその時期である。ただし、紀元前三千年を過ぎるころから、階層と国家が発展した地域では、王や皇帝のピラミッドや神殿や墳墓が、巨大モニュメントとして発達する。

スウィンサイド・ストーンサークル（イギリス、カンブリア、新石器時代）

ウェストケネット長形墳（集団墓）（イギリス、ウィルトシャー、新石器時代）

世界史としての古墳時代③

紀元前一千年紀に地球は温暖化、ユーラシア大陸では広域帝国が成立した。西のローマ、東の中国（秦・漢）はその頂点。皇帝による神殿や、巨大な墳墓（とくに秦と漢）が、

田和山高地性環濠集落（島根県松江市、弥生時代前～中期）

古津八幡山高地性環濠集落（新潟県新潟市、弥生時代後期）

都市とともに発達する。これら帝国の周辺部の島々であったブリテン島鉄器時代と日本列島弥生時代には、民族や国々ができはじめ、それらが拡大するためのモニュメントとして、攻めと守りの姿を主張する防御集落（ヒルフォート、環濠集落、高地性集落）が流行した。

セント・キャサリンズ・ヒル・ヒルフォート（イギリス、ハンプシャー、鉄器時代）

アリーベリー・ヒルフォート（イギリス、グロスターシャー、鉄器時代）

百済王墓・石村洞３号墳（韓国、ソウル）

世界史としての古墳時代④

紀元後に入る頃からユーラシアは寒冷化。ローマと漢は広域帝国としての力を失い、周辺の民族がその存在を脅かすようになる。ローマ帝国は、いわゆる「ゲルマン人」を主とする国家群が生まれて移動・侵入・定着し、四世紀には分裂する。中国の漢も衰え、三世紀には三つの王朝（魏・呉・蜀）に分かれてしまう。これを機に東アジアでも、朝鮮半島の高句麗・百済そして倭といった民族国家が発展していき、王たちがモニュメントとしての墳墓を造り始めた。

高句麗王墓・将軍塚（中国、集安市）

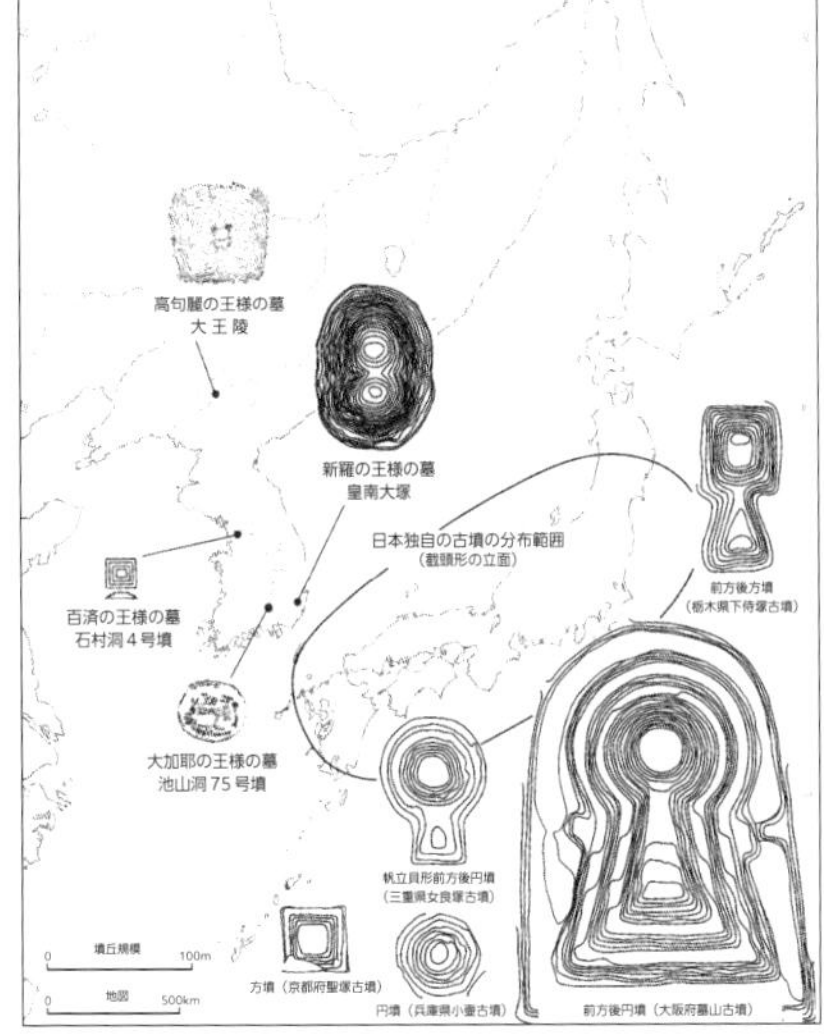

東アジアの墳墓と日本の独自古墳の分布範囲（新納泉1992「時代概説 古墳」日本第四紀学会ほか編 『図解 日本の人類遺跡』東京大学出版会をベースに作成）

世界史としての古墳時代⑤

東アジアで王の墳墓が最初に発達したのは高句麗で、三世紀以降、方形の階段状積石塚が大型化する。百済でも、同じ方形の階段状積石塚が四世紀に発展した。五世紀以降には土を主とする円形の墳丘へとしだいに変わり、それらは新羅や加耶（かや）でも流行した。倭では三世紀の中ごろ、土を主とする大型の墳丘が発達を始める。そして、やや遅く六〜七世紀に下るが、ローマ滅亡後のブリテン島やスカンディナヴィアでもまた、王たちの墳墓が造られるようになるのである。

イースト・アングリア王墓・サットンフー墳墓群（イギリス、サフォーク）

新羅王墓・皇南大塚（韓国、慶州市）

大加耶王墓・玉田古墳群（韓国、陜川郡）

世界史としての古墳時代⑥

ローマ・漢の広域帝国が滅び、周辺の諸民族が現代の国々へとつながる歴史的発展を開始する。このとき、王の墳墓がモニュメントとして流行するところが広く現れ、日本列島はその代表であった。この墳墓モニュメントは、キリスト教と仏教に代表される世界宗教の発展によって消され、その存続期は紀元後一千年紀ということになる。同じ紀元後一千年紀にはアメリカ大陸でも、王の力を示す神殿や墳墓がモニュメントとして発展するのは興味深い。

テオティワカン・太陽のピラミッド（メキシコ）

マヤの神殿（ティカル・グアテマラ）

日本史としての古墳時代①

紀元後一千年紀、民族や国家の形成をうながす墳墓モニュメントの発展。それが世界の中でとくに顕著なのが朝鮮半島（高句麗・百済・新羅・加耶）と日本列島（倭）からなる東アジア地域であったことを述べた。その中でもとくに、日本列島の墳墓モニュメント、すなわち古墳の規模・数量・凝り具合は、世界的にも群を抜いている。なぜ、そうなのであろうか。最初の古墳とされる三世紀中ごろの箸墓（はしはか）古墳（奈良県）から、それを考えてみよう。

箸墓古墳側面（北側より）　前方後円墳、高さ30m（後円部）、長さ278m（奈良県桜井市）。左側が後円部、右側が前方部

箸墓古墳　前方部から後円部を見る

日本史としての古墳時代②

弥生時代後期（紀元後一～二世紀）に各地で力を付けてきた氏族たちがしだいに墳墓を発達させ、東日本にルーツをもつ前方後方墳と、西日本の大和で定型化した前方後円墳とが、形や要素を共有するようになった。三世紀中ごろ、長さ二七八メートルに達する大和の箸墓古墳の築造により、巨大前方後円墳を頂点として、墳丘の大きさと形で地位や力を意図的に表示する社会秩序が現れたとされる。これが古墳時代の開始とされる。

〔古墳の形や大きさで地位を示した〕

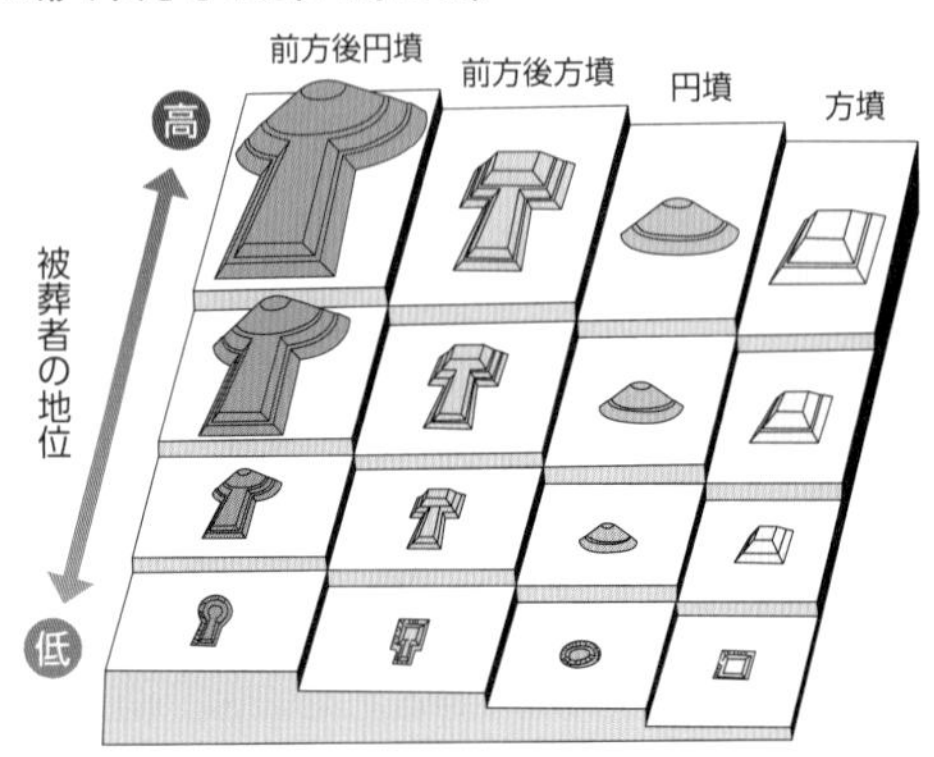

古墳の形と大きさで地位や力を表示する社会の仕組み。これが続いた期間が古墳時代である、というのが定説となっている（都出比呂志 1992「墳丘の形式」『古墳時代の研究 7』雄山閣、を一部改変）

箸墓古墳立体地図

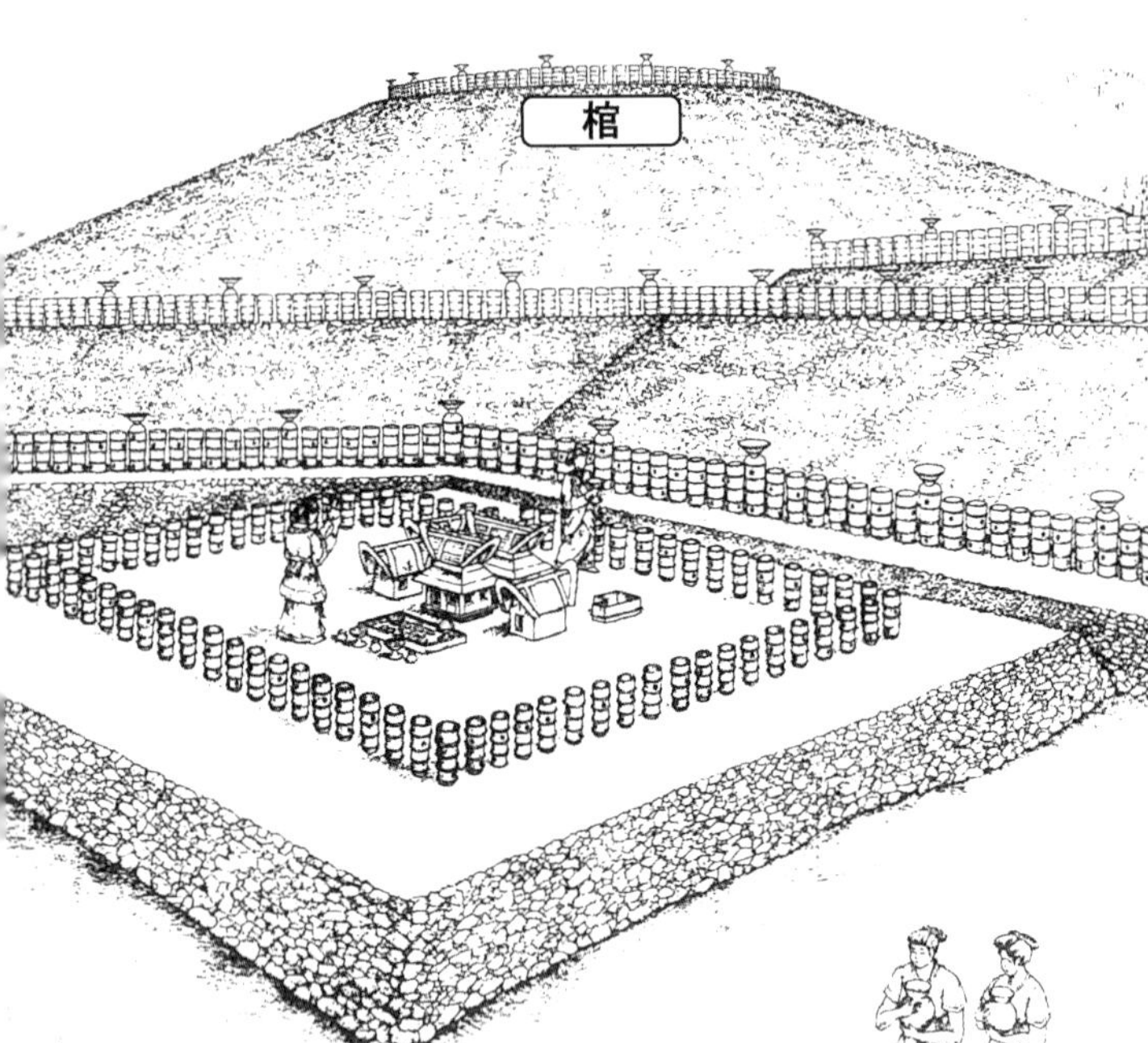

日本列島の古墳の立体構造と世界観
加古川市教育委員会 1997『行者塚古墳発掘調査概報』加古川市文化財調査報告書15より。小東憲朗氏作画。一部改変

日本史としての古墳時代③

古墳の規模が、同時に現れる朝鮮半島の墳墓よりもはるかに大きくなった理由は、その特異な構造にある。主人公の遺骸をできるだけ天に近いところに位置づけるため、墳丘を山のように高く築き、頂上を尊い広場にし、そこに棺を捧げて儀礼の核にしたのである。墳丘を高く築くほど、平面（長さ・幅）は大きくなる。朝鮮半島の墳墓の多くが、まず地面に棺を設けて主人公を深く葬り、その上に礫や土を適度に被せて墳丘（封土）としたのとは、世界観が違っていた。

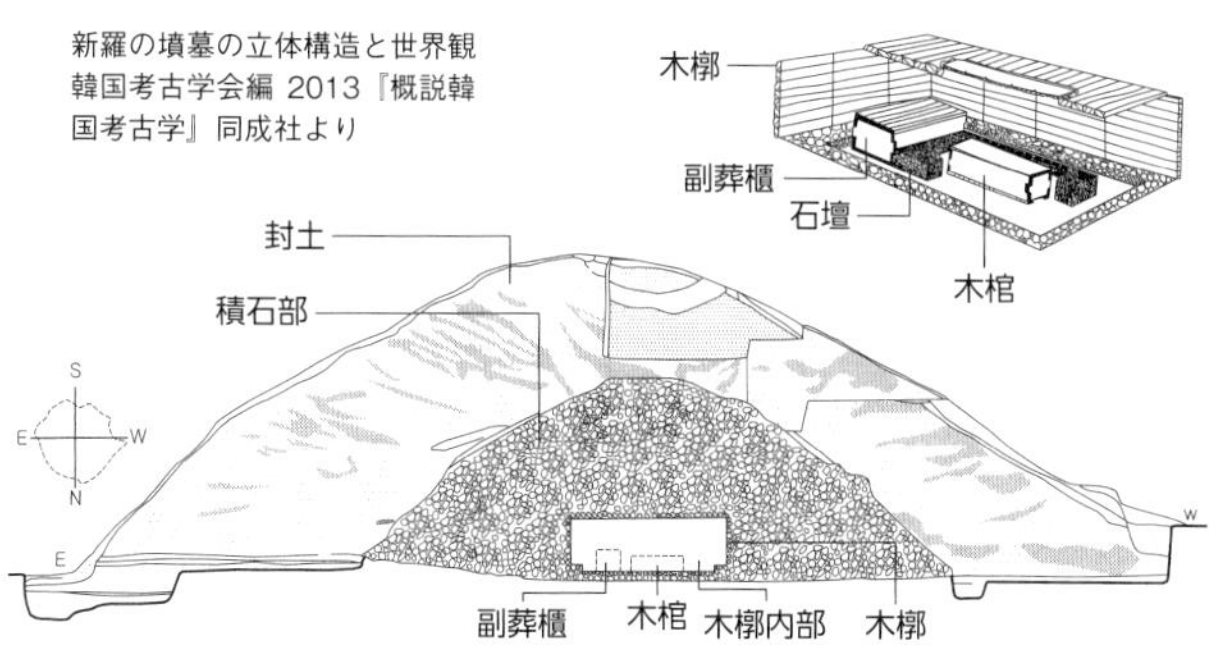

新羅の墳墓の立体構造と世界観
韓国考古学会編 2013『概説韓国考古学』同成社より

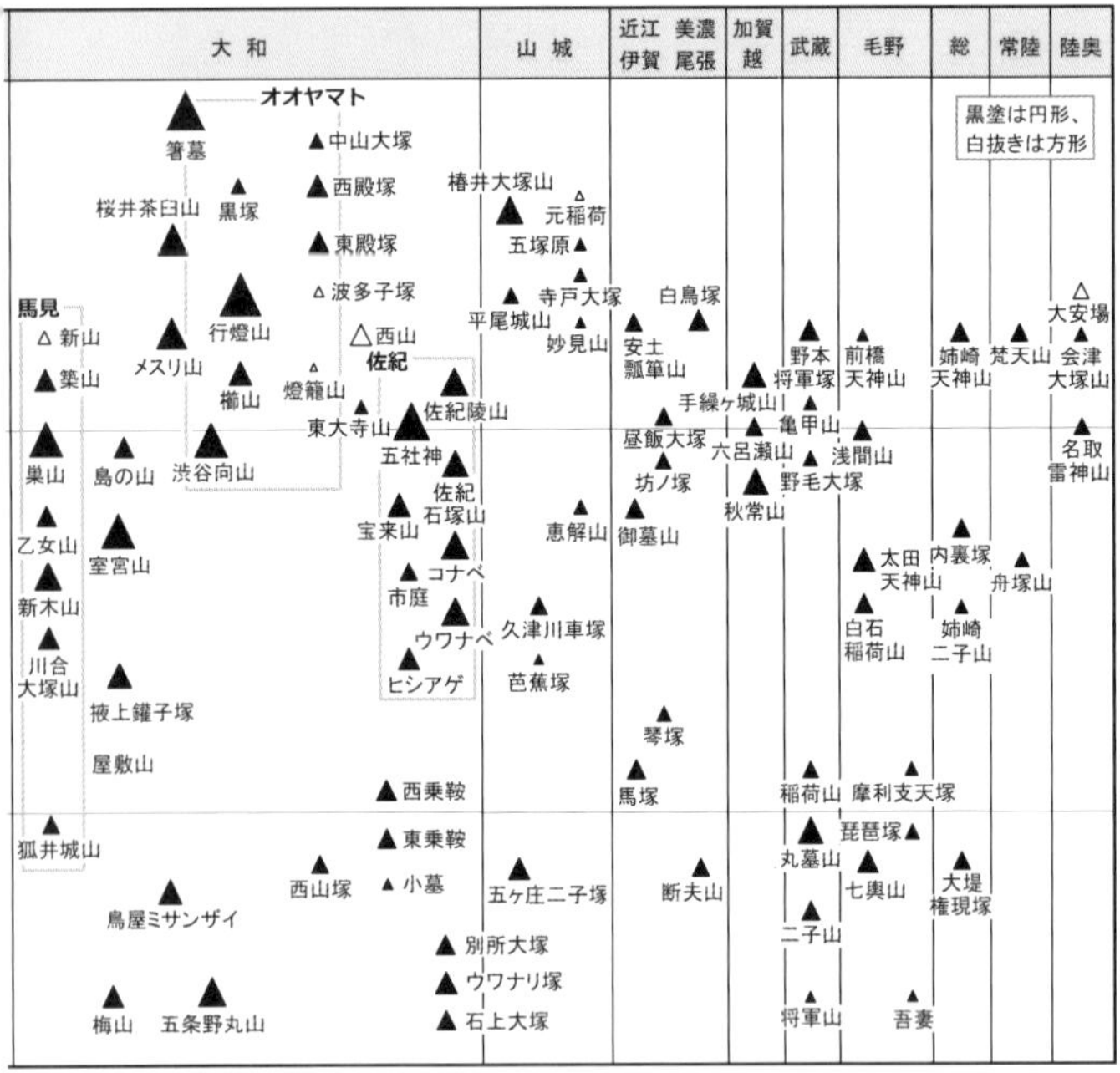

大和	山城	近江 伊賀 美濃 尾張	加賀 越	武蔵	毛野	総	常陸	陸奥

黒塗は円形、白抜きは方形

大和

オオヤマト：箸墓、中山大塚、西殿塚、桜井茶臼山、黒塚、東殿塚、波多子塚、行燈山、メスリ山、櫛山、燈籠山、渋谷向山

馬見：新山、築山、巣山、島の山、乙女山、室宮山、新木山、川合大塚山、掖上鑵子塚、屋敷山、狐井城山

佐紀：西山、佐紀陵山、東大寺山、五社神、佐紀石塚山、宝来山、コナベ、市庭、ウワナベ、ヒシアゲ

西乗鞍、東乗鞍、小墓、西山塚、鳥屋ミサンザイ、別所大塚、ウワナリ塚、石上大塚、梅山、五条野丸山

山城

椿井大塚山、元稲荷、五塚原、寺戸大塚、平尾城山、妙見山、恵解山、久津川車塚、芭蕉塚、五ヶ庄二子塚

近江・伊賀・美濃・尾張

白鳥塚、安土瓢箪山、昼飯大塚、坊ノ塚、御墓山、琴塚、馬塚、断夫山

加賀・越

手繰ヶ城山、六呂瀬山、秋常山

武蔵

野本将軍塚、亀甲山、野毛大塚、稲荷山、丸墓山、二子山、将軍山

毛野

前橋天神山、浅間山、太田天神山、白石稲荷山、摩利支天塚、琵琶塚、七輿山、吾妻

総

姉崎天神山、内裏塚、姉崎二子山、大堤権現塚

常陸

梵天山、舟塚山

陸奥

大安場、会津大塚山、名取雷神山

墳丘の高さからみた日本列島各地の古墳の競争的展開

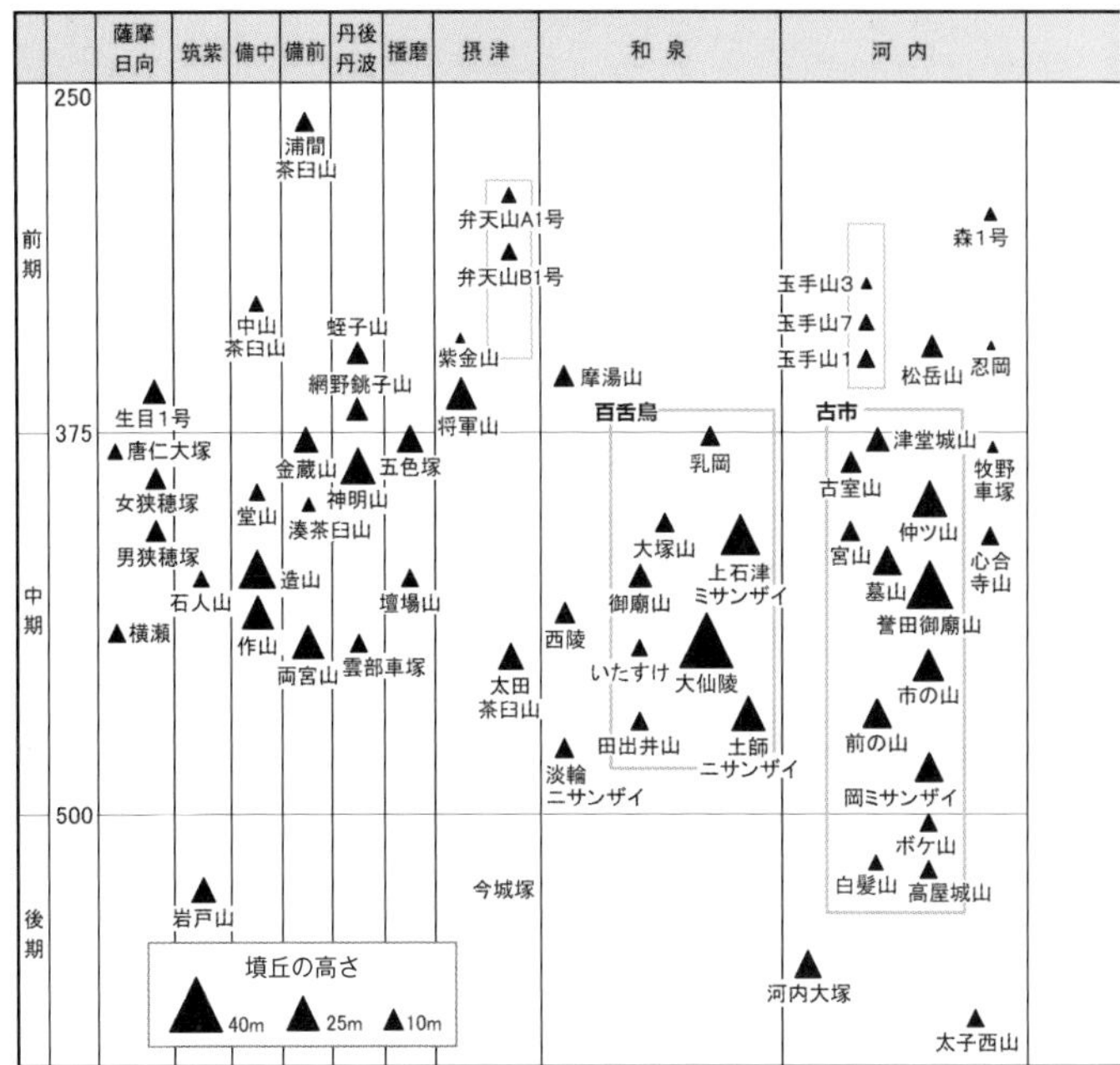

白抜きの△は前方後方墳

日本史としての古墳時代④

三世紀中ごろから四世紀にかけて、古墳の高さによって主人公の地位を表そうとする動きは、まず大和で先導された。箸墓に次いで、後円部三段・前方部三段と高く築かれ

渋谷向山古墳　前方後円墳、高さ25m（後円部）、長さ300m、4世紀中頃（奈良県天理市）

桜井茶臼山古墳　前方後円墳、高さ23m（後円部）、長さ204m、3世紀後半（奈良県桜井市）

た前方後円墳の主人公は、世界観の中では最高位の神であり、世俗的には大氏族の長や王として演出された。柳本行燈山古墳や渋谷向山古墳はそうである。長さは同じながら前方部が二段しかない桜井茶臼山古墳とメスリ山古墳は、やや下位に位置づけられた可能性が高い。

柳本行燈山古墳　前方後円墳、高さ31m（後円部）、長さ 242m、４世紀前半（奈良県天理市）

メスリ山古墳　前方後円墳、高さ23m（後円部）、長さ224m、４世紀前半（奈良県桜井市）

日本史としての古墳時代⑤

有力氏族の長を高い前方後円墳にまつり上げ、神や王として演出する試みは、四世紀終わりに近づくと大和以外の列島各地にいっきに広まった。古墳時代中期の始まりである。その北端は東北地方南部。東北最大の前方後円墳である陸奥の名取雷神山古墳で、後円部は三段、前方部は二段、すぐ近くに大型円墳・小塚古墳が伴う。このような大型円墳の随伴は東日本に多い。ただし、東北地方に大型前方後円墳が築かれるのはこの時期が最後である。

小塚古墳　円墳、高さ8m、径54m、4世紀後半（宮城県名取市）

名取雷神山古墳　前方後円墳、高さ12m（後円部）、長さ168m、4世紀後半（宮城県名取市）

太田天神山古墳　前方後円墳、高さ16.5m（後円部）、長さ210m、5世紀前半（群馬県太田市）

日本史としての古墳時代⑥

関東最高位の有力氏族長を、神、王として演出するために築かれたのは上毛野（かみつけの）の太田天神山古墳で、後円部・前方部はともに三段と、最高のあつらえとする。高さは一六・五メートル、長さは二一〇メートル。東日本最大の古墳である。主人公の遺骸もまた、大和や河内のものと同じスタイルの石棺に収めていた。年代は五世紀前半。すぐ近くに大型円墳・女体山（にょたいさん）古墳がある。短い方形突出が付くことから、帆立貝形古墳とみなす意見も強い。

女体山古墳　円墳、高さ7m、径84m、5世紀前半
（群馬県太田市）

日本史としての古墳時代⑦

各地の有力氏族長を、神、王として演出するために高く築く大型前方後円墳は、西日本にはより多く、広く分布する。大和・河内以外でそれが傑出するのは吉備である。五世紀の前半、高さ二九メートル、長さ三五〇メートルという日本第四位の規模をもつ造山（つくりやま）古墳を築いた。これを中心とした古墳群の構成もより複雑で、中型の前方後円墳二基、帆立貝形古墳、小型の方墳・円墳などが階層状に密集する。

南側の日差山から見た造山古墳
前方後円墳、高さ 29m（後円部）、長さ 350m、5 世紀前半（岡山県岡山市）

日本史としての古墳時代⑧

日本列島でもっとも高い前方後円墳と、それを頂点に各種の墳形と規模の古墳が階層的に取り巻く、最有力の氏族長・神・王としての存在を演出したのは、河内（大阪平野）の古市古墳群と百舌鳥古墳群である。高さ三五メートル、長さ四〇〇メートルを超える巨大前方後円墳を築いた二つの最有力氏族が河内を本拠としたことになる。五世紀に中国王朝に使いを送って任命される倭王が、この二つから競争的に選出された。

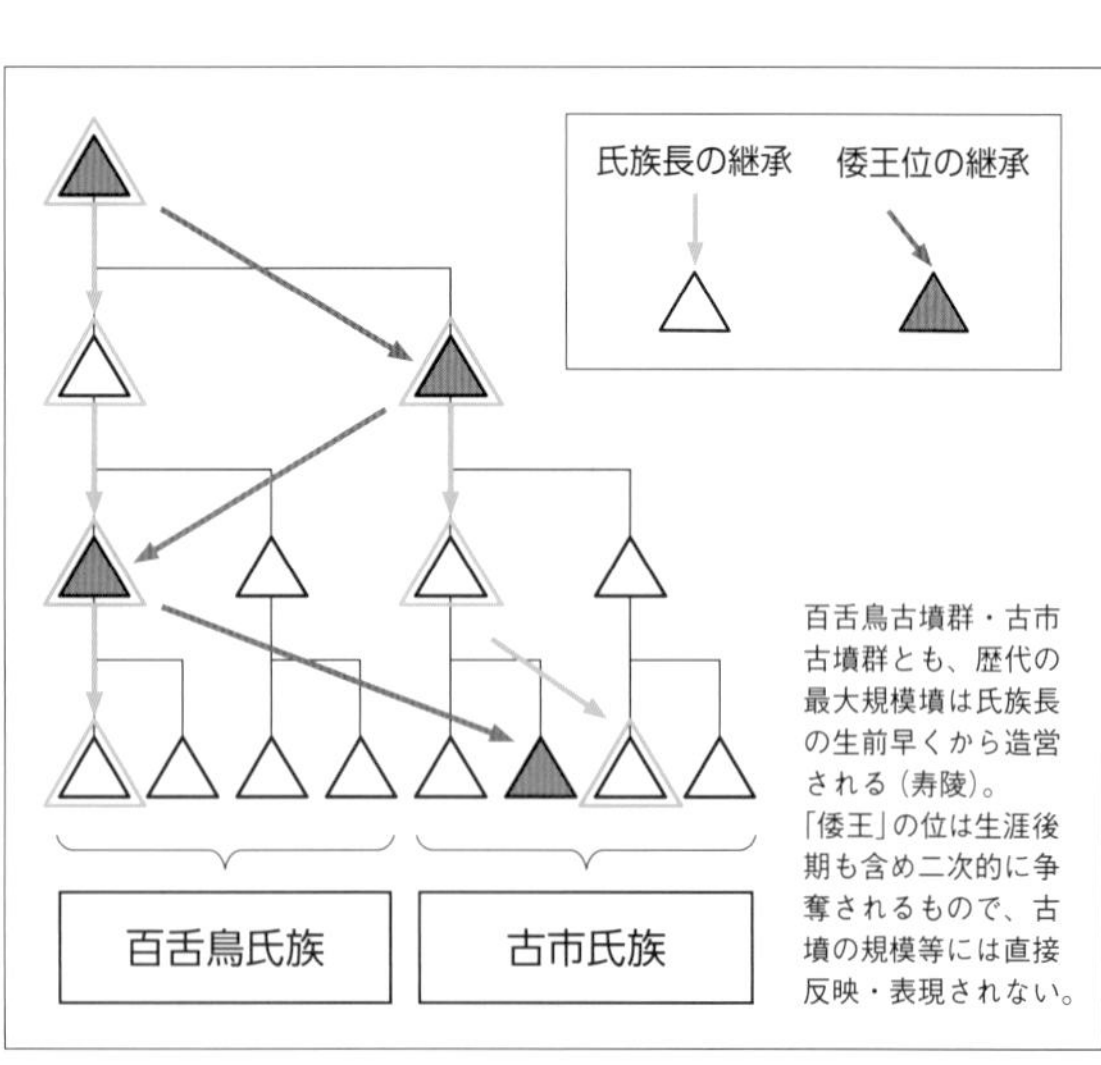

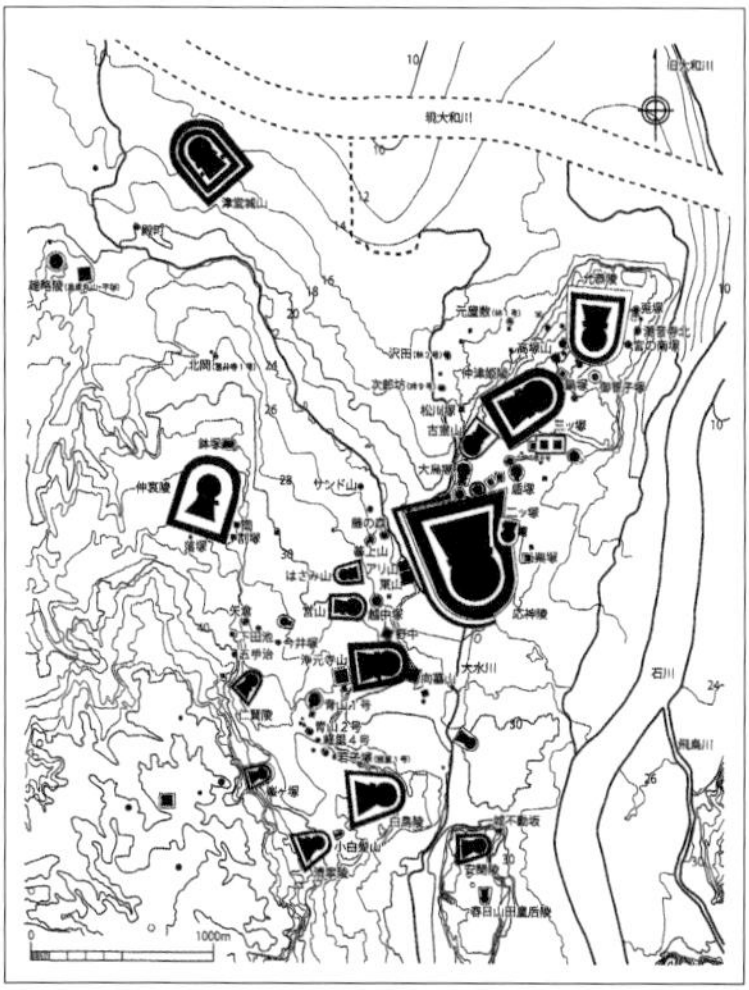

古市古墳群

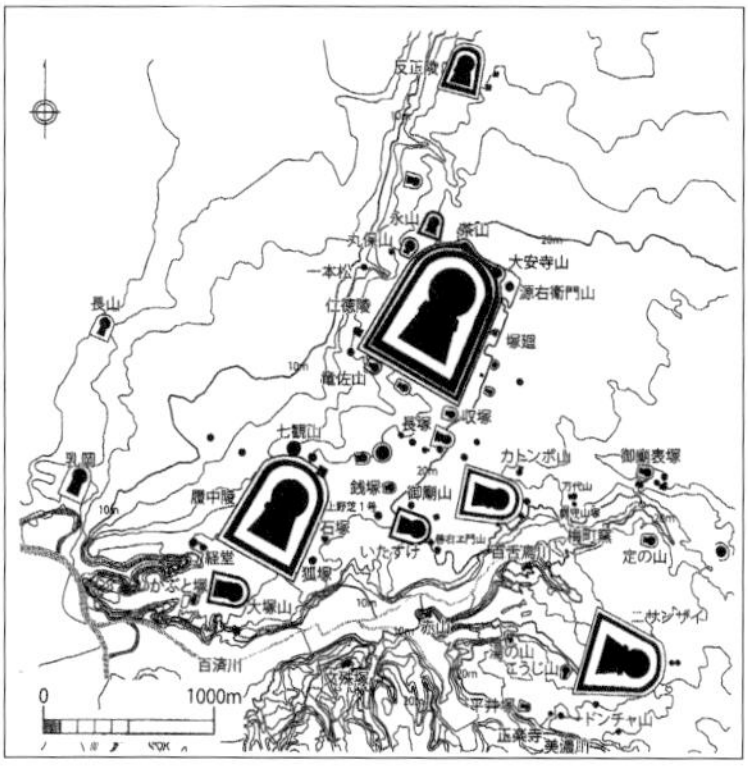

百舌鳥古墳群

白石太一郎1999『古墳とヤマト政権　古代国家はいかに形成されたか』文藝春秋所収図をもとに作成

日本史としての古墳時代⑨

倭王の墓を含む古市古墳群と百舌鳥古墳群のもう一つの特徴は、高大な墳丘を、広く深い水面（周濠）によって取り囲むことである。水面に接するところには島を設け、船形や水鳥形の埴輪など、水上を導くアイテムを配置する。古墳の主人公は水を渡り、その向こうにある高い山の頂に登り、そこで眠るという世界観が表現されるのである。近畿以外の地方では実際の水の造形（周濠など）はほぼ造られないが、空壕などで同じ世界観が表現された。

上毛野の保渡田八幡塚古墳の築造行程復元模型。三段の墳丘と空堀・島の造形

空堀と高い墳丘が復元された豊後の亀塚古墳（大分県大分市）

築造時（左半）と現在（右半）の大仙陵古墳（大阪府堺市）

古市古墳群・仲ツ山古墳（大阪府藤井寺市）の深い周濠

日本史としての古墳時代⑩

水に囲まれた高い山の頂で眠るという有力氏族長・王・神などとしての姿とその世界観を演出した日本列島（倭）の古墳が、いっきに変質してしまうのが六世紀に入るころである。それは、百済など朝鮮半島と同じ横穴式石室の採用による。横穴式石室は墳丘の頂上ではなく、墳丘の中腹や底部に埋め込むように造られ、主人公の眠る位置は天上から地下へと、世界観が一変する。もはや墳丘に高さは求められず、頂上の儀礼用広場もやがてなくなっていく。

今城塚古墳（継体大王墓）　前方後円墳、長さ 190m、6 世紀前半（大阪府高槻市）
横穴式石室は墳丘の中腹にあった（高槻市教育委員会提供）

馬背塚古墳　前方後円墳、長さ 50m、6 世紀後半（長野県飯田市）
横穴式石室は墳丘の底部にある

日本史としての古墳時代⑪

前方後円という墳丘の形そのものは、大王や有力氏族長の地位の名残や主張として六世紀いっぱいまで残るが、すでに単なる「墓標」の形としての意味しかなくなっていく。

百済の武寧王陵（韓国・公州市）

吉備の峠１～３号墳（移築、岡山県総社市）

朝鮮半島に現れる前方後円墳もまたその程度の意味づけであったろう。もう一つ重要なのは、横穴式石室は個人の儀礼場ではなく、夫婦を基本とする家族の墓室であることである。横穴式石室を覆って大型化しない墳丘が、六世紀以降、東アジアで共有された世界観を演出した。

上毛野の簗瀬二子塚古墳（群馬県安中市）

朝鮮半島の光州明花洞古墳（前方後円墳、韓国・光州市）

第3部　古墳はどう変わったか

世界から東アジアへ、東アジアから日本列島へと視野を絞りながら、古墳の出現と変化のプロセスを第2部で見てきました。第3部では、古墳の形態そのものに視点を集中し、その出現と変化の具体的筋道をたどるべく、実際の古墳に立って観察できるさまざまな部分や要素をとりあげ、その持つ意味を考えてみましょう。そうすることによって、古墳の形と規模を終始地位の表示手段とする現在の固定的解釈を見なおし、当時の人びとが古墳に託していた本当の意味や、その変化を追えるのではないでしょうか。

それを大きな目的として、第3部の前半では、古墳の外形を構成するもっとも重要な要素を、古墳に近づき、上に登って観察し、それが絵解きする世界観やストーリーを読み取っていきたいと思います。ちなみに、本書を読めばわかりますが、少なくとも五世紀までの古墳は、墳丘の上を歩むべく築かれたものですから、登ってもバチなど当たりません。

後半では、いよいよ古墳の核心といえる、主人公の眠るところ（石室や棺）をのぞいてみましょう。木の棺が石の棺に変わり、さらにはそれが古墳のてっぺんから底へと移動するダイナミックな変化に、古墳を生み出し、発達させ、そして消し去った歴史のメカニズムを垣間見ることができるでしょう。

深い水と高い山の演出

白髪山古墳

大阪府羽曳野市

水に囲まれた高い山としての墳丘。五世紀の古市（ふるいち）古墳群と百舌鳥（もず）古墳群を中心に、有力氏族長を神や王としてまつり上げる世界観の可視化であった。その具体的な演出のようすは、古墳のさまざまな場所から、現在でも見て取ることができる。古市古墳群や百舌鳥古墳群では、最大の墳丘でなくとも、深い水をたたえた豊かな周濠が墳丘を取り巻く。六世紀初頭の白髪山古墳は前方部の方が一一メートルと高く、水と山との高位差の演出は見事である。

DATA

形状：前方後円墳
規模：高さ11m（前方部）・長さ115m
築造時期：6世紀初頭
埋葬施設：不明

高々と空濠（からぼり）を囲む周堤

中二子古墳（なかふたごこふん）

群馬県前橋市

東日本には、実際に常時水をたたえた周濠を伴う古墳はほとんどない。しかし、空濠やそれを囲む周堤を熱心に造形する例は多い。西日本で大型前方後円墳が減っていく六世紀になっても、とくに上毛野には、こうした水と山との象徴的造形を残した大型の前方後円墳が多く築かれ、古墳の世界観が色濃く残るようすがみられる。中二子古墳は、その代表格を復元整備した例である。

DATA

形状：前方後円墳
規模：高さ15m（後円部）・長さ111m
築造時期：6世紀前半
埋葬施設：不明

水から山へと導く造り出し

宝塚1号墳

三重県松阪市

五世紀以降、古墳が水に囲まれた山として表現されるようになると、水から山へと上がるための施設やアイテムが、後円部と前方部にはさまれた「くびれ部」と呼ばれる部分を軸に配置される。「造り出し」という墳丘裾の突出部、それを墳丘から少しばかり濠上に離して造った島の造形、あるいは、その島と墳丘とを結ぶ細い通路などである。造り出しや島は埴輪の列で囲まれ、その中には水鳥や船など、水上の移動に関わった動物や道具が多く混じる。

DATA

形状：前方後円墳

規模：高さ10m（後円部）・長さ111m

築造時期：5世紀前半

埋葬施設：不明

DATA

形状：前方後円墳
規模：高さ6m（後円部）・長さ102m
築造時期：5世紀後半

埋葬施設：竪穴式石室＋舟形石棺
出土遺物：馬具など（副葬）

古墳を彩る美しいフォルム④島

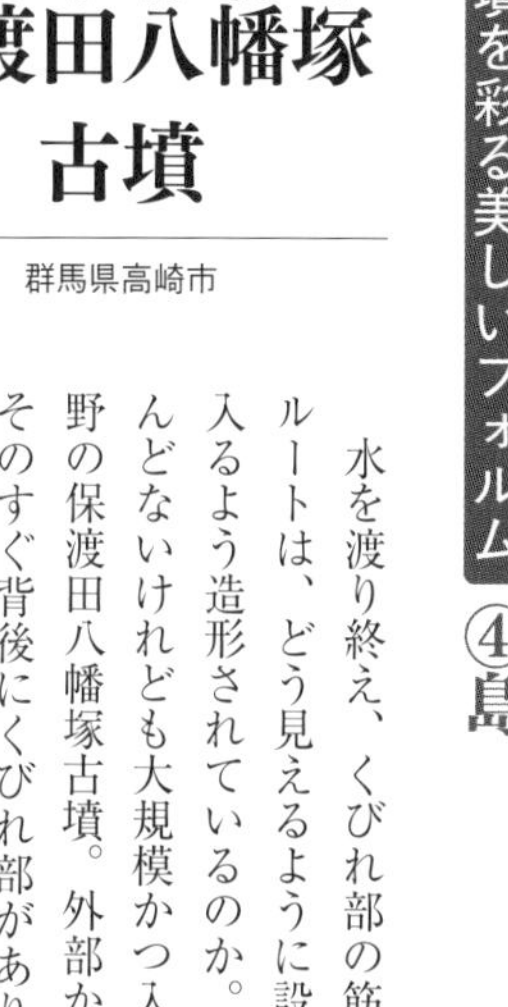

空濠に浮かぶ中島

保渡田八幡塚(ほどたはちまんづか)古墳

群馬県高崎市

水を渡り終え、くびれ部の筋から山である墳丘に登ってくるルートは、どう見えるように設計され、どんな景観として目に入るよう造形されているのか。五世紀の後半、実際の水はほとんどないけれども大規模かつ入念な象徴的造形を実現した上毛野の保渡田八幡塚古墳。外部から二重の周濠を渡ると円形の島。そのすぐ背後にくびれ部があり、そこから後円部の「山頂」へとアプローチ。さまざまな要素がしっかりと復元されたこの古墳では、当時の人びとの視線や視野を追体験できる。

古墳を彩る美しいフォルム

⑤葺石（ふきいし）

高く築かれる墳丘の斜面を安定させ、なおかつ色彩と質感を演出するため、斜面に石を貼ることが、三世紀以降、大和を中心とする西日本から定着していく。いま土や草木におおわれている墳丘斜面に、もともとの葺石が露出していることも多い。墳丘を整備する際、発掘調査で明らかにされた用石・土・濠などは可能なかぎり表示される。斜面の下から上に向かって大きめの石材をまず直線的に配列する工法は普遍的にみられ、しばしば再現されている。

墳丘裾に露出した葺石　七輿山（ななこしやま）古墳　前方後円墳、高さ16m（後円部・前方部）・長さ150m、6世紀前半（群馬県藤岡市）

復元された葺石　秋常山（あきつねやま）１号墳　前方後円墳、高さ19m（後円部）・長さ141m、4世紀後半（石川県能美市）

段築（だんちく）を観察しやすい陵墓

西殿塚古墳（にしとのづか）

奈良県天理市

墳丘の高さを技術的に安定させ、視覚的に強調するため、日本列島の古墳は階段状に造られる。主人公の、氏族長や神や王としての高い地位を演出しようとした。前方後円墳の場合、後円部三段・前方部三段がその最高数（基壇や埋葬壇はのぞく）。いま宮内庁が「陵墓」（天皇・皇后・皇族の墓）に定めている大型前方後円墳に多くて観察しにくいが、周濠がなく墳丘本体に近づける大和の西殿塚古墳は例外的によく見え、時期も三世紀後半と古い。

DATA

形状：前方後円墳
規模：高さ16m（後円部）・長さ230m
築造時期：3世紀後半
埋葬施設：不明

⑦最高段の高さ強調

最高位の古墳は後円部・前方部とも三段。この原則は、五世紀には各地で広く普及する。次位は後円部三段・前方部二段。さらに下位の高さ一〇メートル前後の小さなものになると、後円部・前方部とも二段とするものが多い。もっと下ると、後円部一～二段・前方部一段のものがあり、帆立貝形古墳もそこに含まれる。重要なのは五世紀中ごろ以降、最高位の後円部・前方部とも三段のものは最上の三段目のみ高さが増し、一・二段目の倍を超すものも現れる。

同じ高さの三段段築　昼飯大塚古墳　前方後円墳、高さ13m（後円部）・長さ150m、4世紀後半（岐阜県大垣市）

三段目の高さを増した三段段築　造山古墳　前方後円墳、高さ29m（後円部）・長さ350m、5世紀前半（岡山県岡山市）

⑧古墳の最重要部分 天空のスロープ

最古式の天空のスロープ

丁瓢塚古墳

（よろひさごづか）

兵庫県姫路市

段築や葺石によって高さを造形した墳丘の仕上げは、まず後円部（前方後方墳の場合は後方部）の頂上に広場を設け、主人公が眠る聖なる場所を造形することである。それに加え、前方部の上面もまた通路上の広場として整形した。これにより、主人公の眠る後円部または後方部の頂上の広場から、くびれ部上面にかけていったん下り、前方部の端に向かってふたたび上昇する「天空のスロープ」ともいうべき墳丘の最重要部分が造られるのである。

後円部頂から前方部に延びる天空のスロープ

前方部左隅より後円部を望む

DATA

形状：前方後円墳
規模：高さ7.5m（後円部）・長さ100m
築造時期：3世紀後半　埋葬施設：竪穴式石室

⑨高くさし上げられる天空のスロープ

五世紀のなかば以降、墳丘がますます大型化し、後円部・前方部の三段目が一・二段目よりも高く築かれるようになると、天空のスロープはさらに持ち上げられ、円筒埴輪の列でびっしりと囲まれる。注意すべきは、後円部は三段ながら前方部を二段に減らす次位の前方後円墳では、後円部と前方部をつなぐ一連の天空のスロープが造られないこと（復元された後円部の階段は現代の見学用通路）。その違いはどのように意味づけられていたのであろうか。

蛭子山古墳 前方後円墳、高さ16m（後円部）・長さ145m、4世紀後半（京都府与謝郡与謝野町） 後円部頂から前方部を見下ろす、スロープは連続しない、階段は現代の見学用

保渡田八幡塚古墳（詳細は114-115ページ）

三ツ城1号墳　前方後円墳、高さ13m（後円部）・長さ92m、5世紀後半
（広島県東広島市）　最高度まで持ち上げられた天空のスロープ

⑩高いところに置かれる埴輪

後円部の頂で海を望む
蓋形埴輪・家形埴輪

柳井茶臼山古墳

山口県柳井市

天空のスロープでとくに重要なのは、後円部または後方部の頂上広場と、前方部端のもっとも高い箇所である。後円部・後方部頂上広場には、主人公が埋葬された上に、しばしば特別な埴輪の配列が整えられる。よくみられるのは楯・靫（ゆき）（矢筒）などの武具、家、および蓋（王座

の屋根やパラソル）を要所に交えた円筒埴輪列。反対側の前方部端にも主人公の深い関係者の埋葬と埴輪配列とが設けられることがある。

DATA

形状：前方後円墳
規模：高さ8m（後円部）・長さ80m
築造時期：4世紀後半
埋葬施設：竪穴式石室
出土遺物：青銅鏡5、鉄製武器など（副葬）

後円部頂上に復元された埴輪列（レプリカ）

古墳を彩る美しいフォルム

⑪消えていく天空のスロープ

六世紀に入って横穴式石室が採用されると、墳丘上に登る必然性がなくなり、天空のスロープも面として整えられなくなる。円筒埴輪で囲まれることも、埴輪配列もなくなっていく。やがて前方後円墳の上面は、もはや広場ではなく、ただの丸い高まりになってしまうのである。天空のスロープの上にあった埴輪配列は、墳丘中段や下段に開口した横穴式石室の前や、墳丘裾の造り出し、周堤上などの低いところに降ろされる。

なくなりつつある天空のスロープ　鳴塚（なりづか）古墳

前方後円墳、高さ4.8m（後円部）・長さ37m、6世紀後半（三重県伊賀市）

造り出しの埴輪配列（レプリカ） 大日山35号墳 前方後円墳、高さ6m（前方部）・長さ86m、6世紀前半（和歌山県和歌山市）

主人公の眠るところ

①木から石へ

古墳の原形である弥生時代の墳墓の埋葬施設は、ときおり石で造ること（板石を組んだ小型石棺や、小石を積んで壁とした小石室）もあるが、木の棺が主である。弥生時代後期後半の二世紀以降、古墳の原型ともいわれる西日本の出雲や吉備の大型墳丘墓には、木棺をさらに木の外箱状施設で包んだ「木槨（もっかく）」が、中国王朝の出先である朝鮮半島北部の楽浪（らくろう）から伝わった。三世紀前半、さらにそれを石積みで囲んだ「石囲い木槨」が大和に現れる。

三世紀前半の出現期古墳（ホケノ山古墳、奈良県桜井市）の中心埋葬である石囲い木槨の想定レプリカ

弥生時代の大型墳丘墓に設けら
れた木槨のレプリカ
西谷３号墓（島根県出雲市）

②竪穴式石室の成立

二代の竪穴式石室

爺ヶ松古墳とハカリゴーロ古墳

香川県坂出市

最古の大型古墳が確立する三世紀後半以降、主人公の眠る空間はほぼ石のみで造形される。竪穴式石室（竪穴式石槨）である。遺骸が眠るのは依然としてそこに収められた木棺であるが、すでに腐朽していて、現地で見られるところはほぼない。竪穴式石室は西日本に多く、見学可能な例は讃岐に多い。爺ヶ松古墳とハカリゴーロ古墳は、二代続いた氏族長の竪穴式石室の両者をみられる貴重な例。壁が内傾する爺ヶ松のほうが古いという意見が強い。

ハカリゴーロ古墳　石室の長さ3.7m・幅0.9m・高さ1m

翁ヶ松古墳

翁ヶ松古墳

形状：前方後円墳・積石塚
規模：高さ3m（後円部）・長さ49m
築造時期：3世紀後半
埋葬施設：竪穴式石室
出土遺物：玉類、鉄器片（副葬）

ハカリゴーロ古墳

形状：前方後円墳・積石塚
規模：高さ3m（後円部）・長さ45m
築造時期：4世紀前半
埋葬施設：竪穴式石室
出土遺物：青銅鏡1、鉄鏃（副葬）

石室の長さ5.7m・幅1m・高さ1.3m

主人公の眠るところ

③棺もまた石に

四世紀には、それまで木であった棺も石へと変わる。埋葬空間の石化が進むのである。四世紀後半の河内に築かれた松岳山古墳は、「長持形石棺」とよばれる最上位の型式の初期のものが後円部に露出する。五世紀前半の大和の室宮山古墳は長さ二三八メートルの大型前方後円墳。定型化した最上位の長持形石棺が竪穴式石室に収められたようすを、後円部の頂で観察できる。モニュメントとして完成する五世紀の大型前方後円墳の墳丘と埋葬施設の姿を見られる稀有の例である。

松岳山古墳　前方後円墳、高さ16m（後円部）・長さ130m、4世紀後半（大阪府柏原市）

室宮山古墳　前方後円墳、高さ25m（後円部）・長さ238m、5世紀前半（奈良県御所市）
石棺の身の穴は盗掘孔、右側の縄掛突起は欠失

④最高位の長持形石棺

長持形石棺は、古墳の大型化が進む五世紀、最上位の氏族長・神・王としての主人公が眠るところとして定型化された。六枚の大型板石を組み合わせ、蓋石の長短辺、側石や底石の短辺などに、円筒形の「縄掛突起」を付ける。もっとも発達する古市と百舌鳥の古墳群で原位置の実物を見られる例はないが、古墳の近くや博物館で忠実な復元例が示されているところがある。東日本でも、最上位古墳に長持形石棺がもたらされる例がある。

津堂城山（つどうしろやま）古墳の後円部から1912年に発掘された長持形石棺のレプリカ（大阪府藤井寺市）

大仙陵古墳前方部から1872年に発見された長持形石棺のレプリカ（大阪府堺市）

関東の最上位古墳に配された長持形石棺　お富士山古墳（群馬県伊勢崎市）

前方後円墳の中心埋葬に採用された上毛野の舟形石棺
保渡田八幡塚古墳（詳細は114-115ページ）

主人公の眠るところ

⑤地方の石棺

最上位の長持形石棺はなくても、地方ごとの特徴をもった石棺が広まり、ローカルな主人公たちを収めることが流行した。たとえば九州の豊前や豊後では、三世紀後半から、六枚の板石を組み合わせた箱形石棺に、前方後円墳の主人公さえ眠る。四国の讃岐では、四世紀以降、地元の石材で作った底の丸い舟形石棺が広まる。関東の上毛野では、五世紀、縄掛突起の付いた短い舟形石棺が、長持形石棺の次位に位置づけられて流行した。

前方後円墳の中心埋葬に採用された豊後の箱形石棺のレプリカ
亀塚古墳　前方後円墳、高さ10m（後円部）・長さ116m、5世紀前半（大分県大分市）

讃岐の舟形石棺　石船塚古墳　前方後円墳・積石塚、
高さ5m（後円部）・長さ57m、4世紀後半（香川県高松市）

主人公の眠るところ ⑥木棺は下位の埋葬として残存

石材の少ない東日本や、西日本の最上位に位置づけられない埋葬では、棺は石化せず、多くの木棺が残る。五世紀以前は、前方後円墳でもやや小さめならば、小石で覆われた

長い木棺を小石と粘土で覆った西都原(さいとばる)13号墳（宮崎県西都市）

り、粘土で包まれたり（粘土槨）、そのまま土に埋められたりして（木棺直葬）、下位の中心埋葬としてふつうに使われる。埋葬が横穴式石室へと転換する六世紀以降は、六枚の板材を鉄の釘やカスガイで留め合わせた木棺が普及するが、腐朽しているので原位置で見学できる例はほぼない。

木棺直葬を中心埋葬とする大安場1号墳（福島県郡山市、現地隣接の大安場史跡公園のガイダンス施設でレプリカを見学可能）

底の丸い木棺を中心埋葬とした秋常山2号墳（石川県能美市）

唯一の見学可能な加耶系竪穴式石室

仙人塚古墳

岡山県笠岡市

埋葬原理が朝鮮半島からの横穴式石室へと転換する六世紀に少し先立つ五世紀後半、その先がけ的な影響が加耶から日本列島へと伝わったことが、近年明らかになった。まず地面に竪穴式石室を築き、そこで埋葬を済ませたのち、その上に墳丘を盛り上げるという、当時の日本列島とはまったく異なる手順で築いた古墳。壁面の石と石とのあいだに粘土を詰めるのが特徴で、瀬戸内の帆立貝形古墳に多い。吉備の仙人塚古墳が現地観察可能な唯一の例。

DATA

形状：帆立貝形古墳
規模：高さ4.5m（後円部）・長さ43m
築造時期：5世紀後半
埋葬施設：竪穴式石室2、1基が加耶系
出土遺物：鉄製短甲（副葬）

発掘時の状態を
現地でみられる百済系横穴式石室

高井田山古墳

大阪府柏原市

古墳が横穴式石室へと全面的に転換していくのは六世紀であるが、渡来人の多かった地方では、五世紀の後半以降、百済系の横穴式石室をもった古墳が少しずつ現れる。河内の高井田山古墳は、古市古墳群を東から見下ろす丘陵斜面に造られた径二二メートルの円墳で、長さ三・七三メートル・幅二・三四メートルの玄室の奥から見て左端に細い羨道（せんどう）が開口する百済系の横穴式石室。二つの木棺が並んで置かれていた。いま見られる木棺や副葬品はレプリカ。

DATA

形状：円墳
規模：径22m
築造時期：5世紀後半
埋葬施設：横穴式石室＋木棺2
出土遺物：青銅鏡、鉄製甲冑・刀剣・矛・槍・刀子、馬具、耳環、熨斗、玉類、土器など（副葬）

DATA

形状：円墳
規模：径30m
築造時期：6世紀中ごろ
埋葬施設：横穴式石室＋箱式石棺

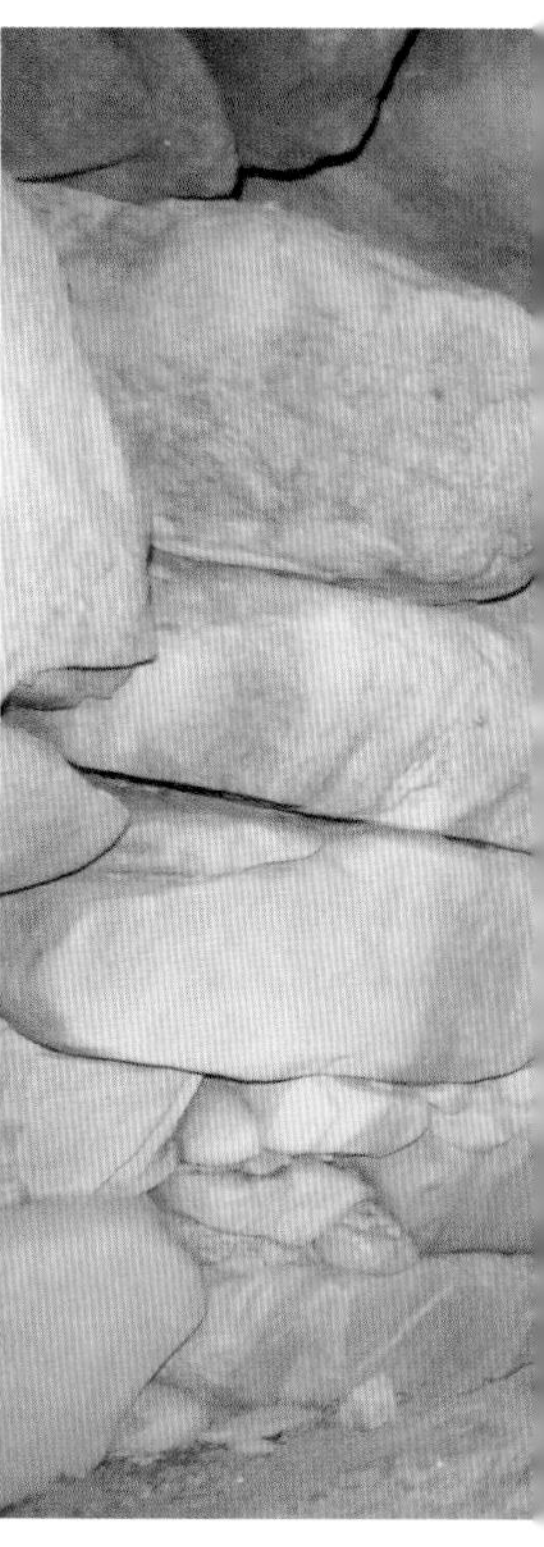

主人公の眠るところ

⑨近畿の初期の横穴式石室

入る苦労に
当時の身体技法を探る

柿塚古墳

奈良県生駒郡平群町

六世紀に広まる横穴式石室は、近畿では玄室の端に羨道が付く「片袖式」で、百済系の横穴式石室に形態のルーツをもつ。六世紀初頭の古いものは、玄室の平面は四隅の角が明確であるが、壁は上にいくほど内傾して狭まり、天井付近は四隅がはっきりしない。この柿塚古墳は、玄室の長さ五・二メートル、幅三・二メートル。長さ五メートルの羨道は細くて玄室への出入りに苦労するが、古い横穴式石室をめぐる身体の動かし方として経験してみよう。

主人公の眠るところ

⑩巨石化する近畿の横穴式石室

六世紀なかば以降、大和や河内の横穴式石室は、自らの特徴を徐々に強めていく。まず一点目は、用いる石材が大きくなること。これによって壁は直立に向かい、天井付近も四隅がはっきりしてきて、玄室の空間の形は直方体に近づく。二点目は、羨道がしだいに高く広くなり、玄室の中央に開口すること(両袖式)。六世紀中ごろの珠城(たまきやま)山1号墳は、壁は直立していくがまだ片袖式。五七〇年没の蘇我稲目の墓ではないかといわれる都塚は両袖式である。

珠城山１号墳　前方後円墳、長さ53m、石室玄室長3.4m、6世紀中ごろ(奈良県桜井市)

都塚古墳　方墳、高さ4.5m・42×41m、石室全長12m、6世紀後半
（奈良県高市郡明日香村）

主人公の眠るところ

⑪近畿の横穴式石室のヴァリエーション

六世紀後半の大和と河内の大型横穴式石室は、両袖式にほぼ固定され、壁の巨石化と直立が進むので、玄室の空間は整った直方体を指向する。ただし、くわしくみると、天

与楽（ようらく）カンジョ古墳　方墳、高さ10m・一辺36m、石室全長11.8m、6世紀末（奈良県高市郡高取町）

井を高くして奥壁を長方形や舌形に見せたり、玄室に開口した羨道上の壁を異様に高くしたりして、インテリアの細部を意識したとみられる諸派が出てくる。吉備の横穴式石室は大和や河内のものに近いが、奥壁の石を一段とすることにこだわるので、逆に天井が低いという特徴がある。

新池大塚古墳　方墳、16.8×14.5m、6世紀末（岡山県岡山市）

水泥塚穴古墳　円墳、径20m、石室全長13.4m、6世紀後半（奈良県御所市）

主人公の眠るところ⑫王権麾下の巨大横穴式石室

もっとも有名な横穴式石室をもつ

石舞台古墳

奈良県高市郡明日香村

巨石化が進むと、横穴式石室の規模はおのずと大きくなる。そのピークは、五七一年に没した欽明大王の墓ともいわれる大和の五条野丸山古墳。石室の全長は二八・四メートルと群を抜いて大きいが、陵墓のために現地見学はできない。有名な石舞台古墳は、一辺約五〇メートルの大型方墳の可能性が高く、横穴式石室の全長は一九・一メートル。玄室は壁の巨石化と直立が徹底され、高さは四・七メートル。六二六年没の蘇我馬子の墓とみる人が多い。

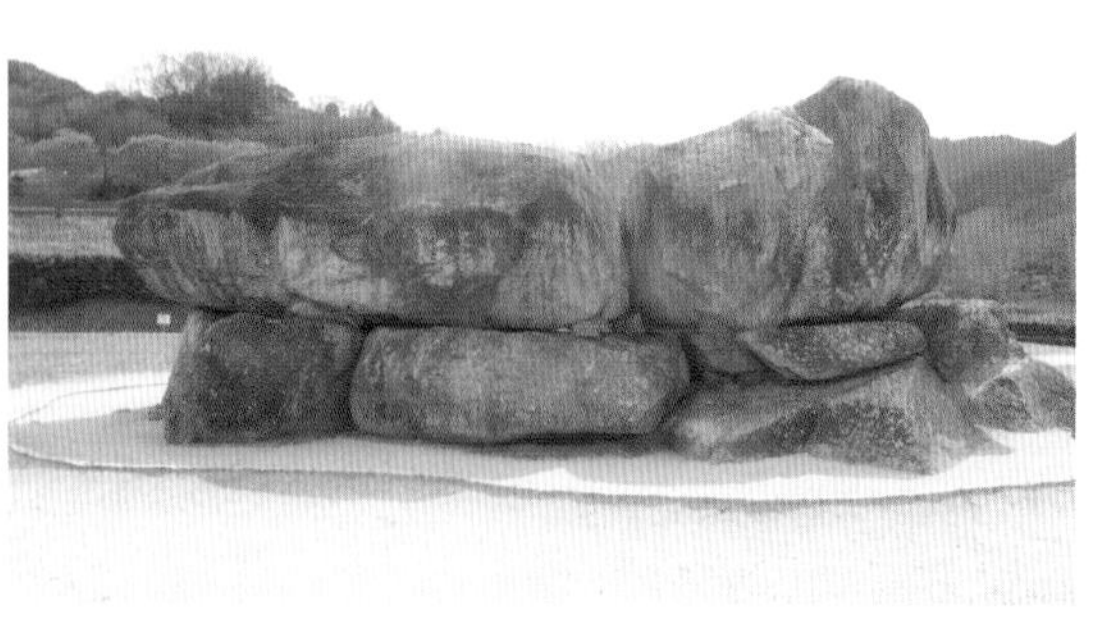

DATA

形状：方墳
規模：一辺約50m
築造時期：7世紀前半

埋葬施設：横穴式石室＋石棺
被葬者説：蘇我馬子

⑬家形石棺の変遷

大和や河内で最大級の横穴式石室に入る主人公の遺骸の多くは、家形石棺に収められる。家形石棺の前身は、五世紀の最上位の棺である長持形石棺。その縄掛突起が円筒形から方形に変わって、付くのも蓋石だけになり、身は一つの石材を箱形にくり抜くようになる（刳抜式家形石棺）。蓋石は屋根の形に作られるが、六世紀から七世紀にかけて徐々に低くなり、縄掛突起も短小化していく。遺骸の密閉度は徹底している（しばしばみられる穴は盗掘時の細工）。

鴨稲荷山古墳の刳抜式家形石棺（滋賀県高島市）

赤坂天王山古墳の刳抜式家形石棺　592年没の崇峻大王の棺とする説が有力（奈良県桜井市）

艸墓古墳の刳抜式家形石棺（奈良県桜井市）

主人公の眠るどころ

⑭組合式の家形石棺

家形石棺には、大型の板石を六枚組み合わせるという、長持形石棺の構造をそのまま受けついだ「組合式家形石棺」も多い。一般的には刳抜式家形石棺よりもランクは低い

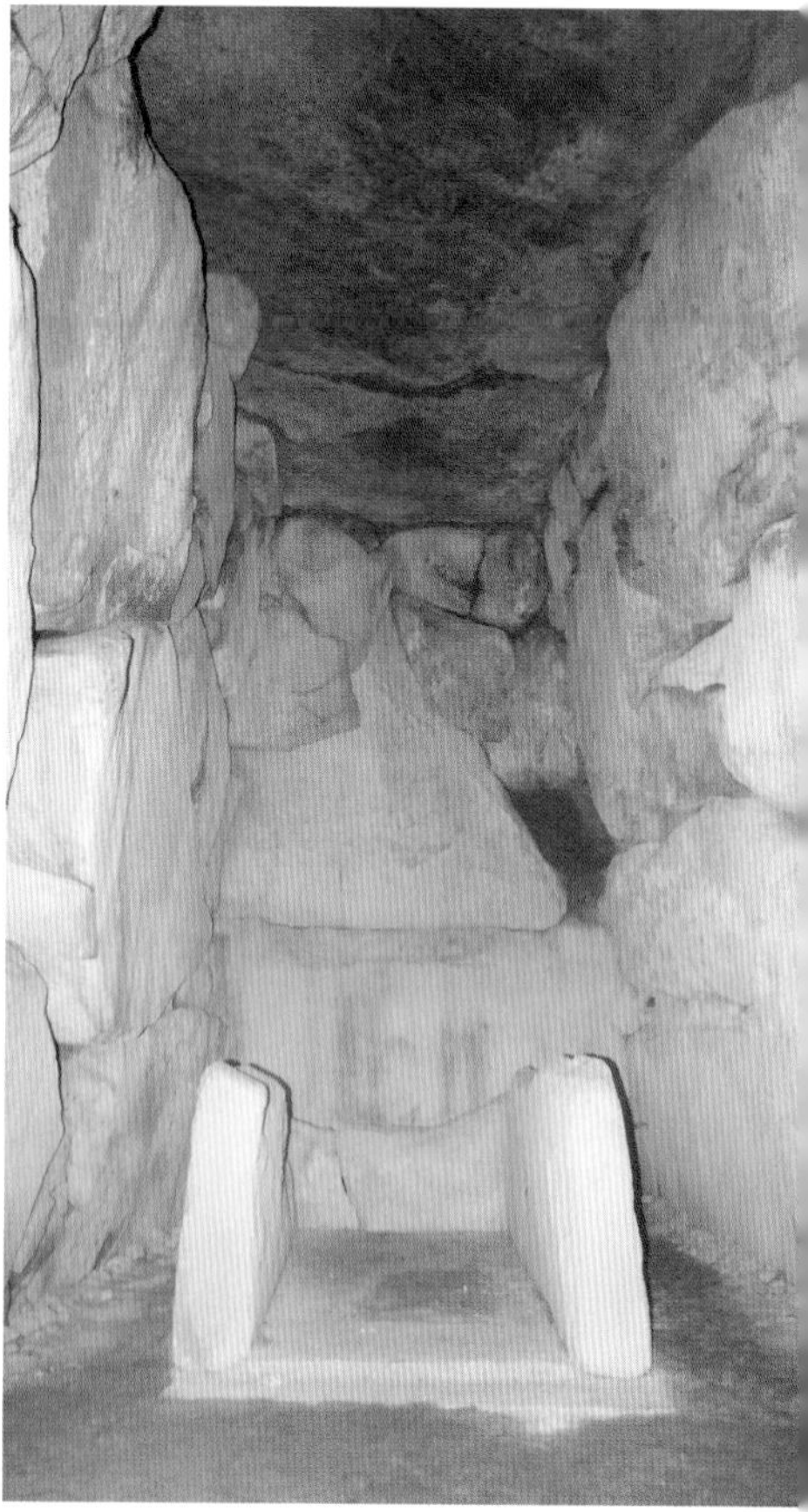

烏土塚古墳の組合式家形石棺（奈良県生駒郡平群町）

と考えられている。ただし、大和の烏土塚古墳のような大型横穴式石室の中心に置かれ、かなりの上位者の眠るところとみられる例も少なくない。吉備の大型横穴式石室の箭田大塚古墳でも、家形になるかどうかも確実でない、きわめて粗製の組合式石棺三基が並べられている。

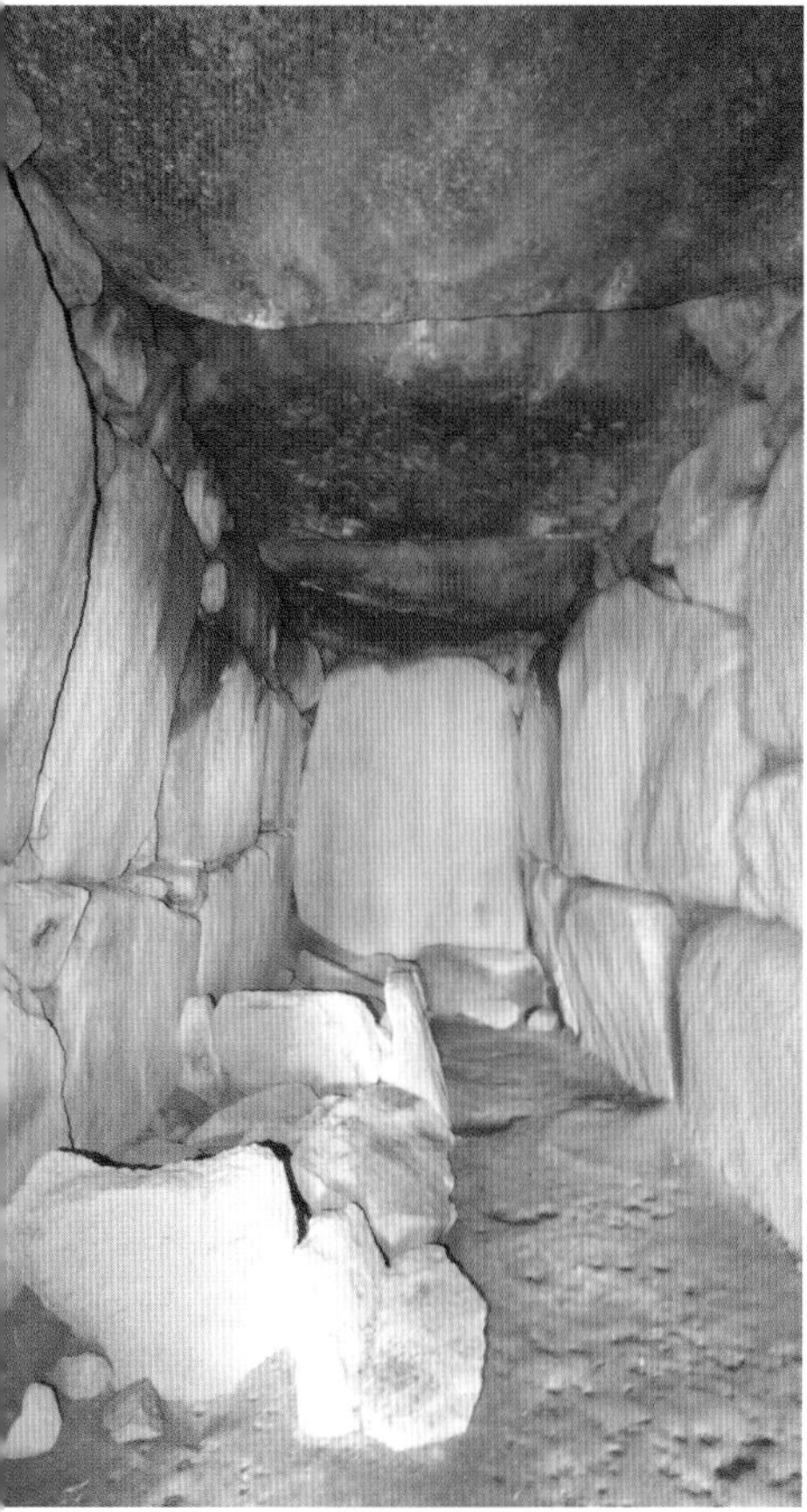

箭田大塚古墳の組合式石棺（岡山県倉敷市）

天王塚古墳　前方後円墳、高さ10m（後円部）・長さ88m、石室全長10m・高さ5.9m、6世紀中ごろ（和歌山県和歌山市）

モニュメントから多様な墓へ

①近畿周辺・紀伊の横穴式石室

大和や河内の横穴式石室は、西は吉備東部、北は近江、東は伊勢といった隣接地域にまでほぼ連続して分布するが、南の紀伊には稀である。紀伊の石室は巨石を使わず、薄い板石を多数積み重ねて玄室の天井を高くし、強化のために大型の板石を石梁として通したりして、独特のインテリアを演出する。「岩橋型」とよばれるこの石室は、巨石が少ない代わりに、紀ノ川流域で結晶片岩が多産するという紀伊の地理的環境が、大きな背景となっている。

大谷山22号墳　前方後円墳、高さ8m（後円部）・長さ68m、石室全長7.8m、6世紀前半（和歌山県和歌山市）

モニュメントから多様な墓へ

②九州系横穴式石室の出現

横穴式石室への転換が進むのは、倭の全体をみると六世紀であるが、朝鮮半島に近い北部九州の玄海灘沿岸では、すでに四世紀後半から、横穴式石室の原理を導入する動きが始まった。それまでの竪穴式石室の短辺に、前方部上に開く短く細い羨道(せんどう)を付けた「竪穴系横口式石室」とよばれるものである。これが、六世紀以降、大和や河内で発達した近畿系横穴式石室と競い合うように広がる九州系横穴式石室のルーツとなった。

横田下(よこたしも)古墳　円墳、径30m、5世紀前半（佐賀県唐津市）

丸隈山古墳　前方後円墳、高さ7.8m（後円部）・長さ84.6m、5世紀前半（福岡県福岡市）

モニュメントから多様な墓へ

③北部九州周辺の横穴式石室

日拝塚古墳　前方後円墳、高さ6m（後円部）・長さ46m、石室全長8.4m・高さ4m、6世紀前半（福岡県春日市）

竪穴系横口式石室をルーツとする九州系横穴式石室は、細い羨道がやや高いところから玄室の床面に下ってくる構造が古い。巨石化は進まず、壁は内傾しつつ狭い天井部へ

と上がる。九州系横穴式石室のもう一つの大きな特徴は、両側壁から角柱状の石を羨道に向けて飛び出させ、玄室までの間に複数の部屋を作り出す場合があることである（複室構造）。部屋が玄室一つに限られる近畿系横穴式石室と、大きく異なる。埋葬後の閉塞のしかたも、近畿系は石を積み、九州系は板石を立てるという違いがある。

岩淵古墳　5世紀後半（山口県防府市）

モニュメントから多様な墓へ

④肥後の横穴式石室

玄海灘沿岸を中心に定型化する九州系横穴式石室は、北部以外の九州各地に伝わっていく。そのとき、またそこで新たな地域色を身につける。それが鮮やかにみられるのは、中部九州の肥後である。ここでも巨石化は進まず、小型の石を内傾させせながら積んで高い天井を作るが、最大の特徴は埋葬施設。正面に石材を取りつけずに開口させた「石障（せきしょう）」とよばれる埋葬施設を玄室の奥に作る。遺骸の密閉度の高い近畿系横穴式石室とはまったく異なる世界観である。

鬼のいわや古墳　円墳、径20m、石室全長9.6m・高さ3.8m、6世紀（熊本県熊本市）

二軒小屋古墳　円墳、径20m、石室全長8.5m・高さ4m、6世紀（熊本県熊本市）

前方部左角から後円部を望む

DATA

形状：前方後円墳
規模：高さ10m（後円部）・長さ62m
築造時期：5世紀末～6世紀初
埋葬施設：横穴式石室

出土遺物：青銅鏡6、銀錯名大刀、装飾大刀、鉄製甲冑・刀剣・鏃、玉類、金環、耳飾、冠帽、土器など（副葬）

モニュメントから多様な墓へ

⑤九州の勢力化と横穴式石室

家形石棺

九州勢力の要人が主人公

江田船山古墳

熊本県玉名郡和水町

肥後から筑後川流域、および東方へ山を越えた豊後の瀬戸内海沿岸までを中心として、六世紀前半をピークに独自的な古墳が広がる。九州の盟主的氏族長として力を付け、倭王権と対峙した磐井(いわい)の勢力範囲をしめすといわれる。磐井の墓とされる岩戸山古墳を核に、墳丘や周堤などに石製品を立てた前方後円墳が多い。江田船山古墳は、倭王権での地位を刻んだ大刀（銀錯銘大刀）や、百済系の冠などももつ。片方の短辺が開口する家形石棺に主人公の一人が眠る。

⑥壱岐島の大型横穴式石室

九州の横穴式石室の巨石化は遅いが、例外的なのは、日本海に浮かぶ壱岐島である。六世紀後半以降、九州系横穴式石室の特徴である複室構造をもちながら巨石化し、大型の近畿系横穴式石室に近い規模に達する。最大の鬼の窟古墳の石室は、全長一六・五メートルで三室からなる複室構造をもつ。このころピークに達した新羅との軍事的緊張を担うため、島の有力氏族層が大和の王権から援助を受けていたことのしるしとみる説がある。

掛木古墳　円墳、径22.5×18m、6世紀末（長崎県壱岐市）

鬼の窟古墳　円墳、高さ13.5m・径45m、6世紀後半（長崎県壱岐市）

⑦出雲西部の大型横穴式石室と大きく開口する石棺

出雲西部の盟主

今市大念寺古墳

島根県出雲市

古墳を大きく築く五世紀の倭の広い動きがあまり及ばなかった山陰の出雲は、横穴式石室へ転換する六世紀になると、一転して築造が盛んになる。中心の一つである出雲西部（現在の出雲市付近）に築かれた今市大念寺古墳は長さ九二メートルの前方後円墳で、横穴式石室の全長は一二・八メート

ル。刳抜式家形石棺は高さが一・八九メートルもある日本最大の規模であるが、片方の側面が大きく開口し、遺骸がよく見えることで近畿とはまったく異なる。

刳抜式家形石棺

石棺内から開口部を見る

DATA

形状：前方後円墳
規模：高さ7m（後円部）・長さ92m
築造時期：6世紀後半
埋葬施設：横穴式石室＋刳抜式家形石棺・組合式家形石棺
出土遺物：鉄製大刀、槍、金銅製履(くつ)、馬具、玉類、金環、土器など（副葬）

⑧出雲東部の独自性

最古の石棺式石室

古天神古墳

島根県松江市

六世紀の出雲のもう一つの中心である東部（現在の松江市付近）では、石棺が西部以上に巨大化し、片側の開口部に直接羨道を取りつけることで、石棺そのものを石室化させた「石棺式石室」が成立する。こうして石室化した石棺は当初は一つであるが、七世紀に近づくにつれ、二つが連接する例もある。遺骸がよく見える構造の石室という点で、近畿とはまったく異なり、九州に近い世界観がうかがえる。

開口部を外側から見る

DATA

形状：前方後方墳
規模：長さ27m
築造時期：6世紀後半
埋葬施設：石棺式石室
出土遺物：青銅鏡、装飾大刀、鉄鏃、馬具、耳環、土器など（副葬）

開口部と羨道を外側から見る

⑨伯耆（ほうき）の石棺式石室

九州と結びついた
向山（むこうやま）古墳群

鳥取県米子市

石棺式石室は、日本海に沿って山陰の東部にも伝わり、最上位の埋葬施設として広まった。伯耆西部の大山（だいせん）北麓に築かれた向山古墳群はその中心で、盟主は向山1号墳（岩屋古墳）。長さ五二メートルの前方後円墳に、二つの室をもつ長さ九メートルの複室構造の石棺式石室が収められている。向山古墳群からは九州の古墳に樹立される石製品の一つである石馬が、本州では唯一発見されており（石馬谷（いしうまだに）古墳）、九州との強いつながりを示す。

DATA

形状：前方後円墳
規模：高さ6m（後円部）・長さ52m
築造時期：6世紀後半
埋葬施設：石棺式石室（後円部）、箱式石棺（前方部）

前室から玄室を見る

北原古墳　円墳、高さ5m・径15m、石室全長7m・高さ2.5m、6世紀（徳島県美馬市）　青い天井と黄色い壁

モニュメントから多様な墓へ

⑩阿波・吉野川沿いのローカルな横穴式石室

横穴式石室が広まる六世紀の四国で目立つのは、阿波の吉野川流域に広まる「段ノ塚穴型」石室である。主な石材は、紀伊の紀ノ川流域と同じ地質の吉野川流域で採れる青

灰色の結晶片岩の板石であるが、すぐ北側の讃岐山脈に産する黄褐色の堆積岩を併用することも多い。最大の特徴は、結晶片岩の天井石を、玄室の羨道入口から天井を経て奥壁最下段まで、太鼓橋状に架けるという個性。青灰色と黄褐色の二種類の石材で見せる色彩対比もおもしろい。

太鼓塚古墳　円墳、高さ10m・径37m、石室全長13.1m・高さ4.2m、6世紀（徳島県美馬市）　天井を見上げる

⑪三河特有の横穴式石室

中部の盟主の一人

馬越長火塚（まごしながひづか）古墳

愛知県豊橋市

河内と大和を中心とする近畿を超えて東へ進むと、さらにヴァリエーションに富んだ各種横穴式石室が展開する。比較的限られた範囲に同じスタイルの石室が広がるのは、三河である。中部最大とされる馬越長火塚古墳の石室は、長さ一七メートル。両側壁から角柱状の石材を軽く飛び出させて複室構造を表現するところから、ルーツは九州系横穴式石室に求められる。奥壁を一枚とする点は三河特有。

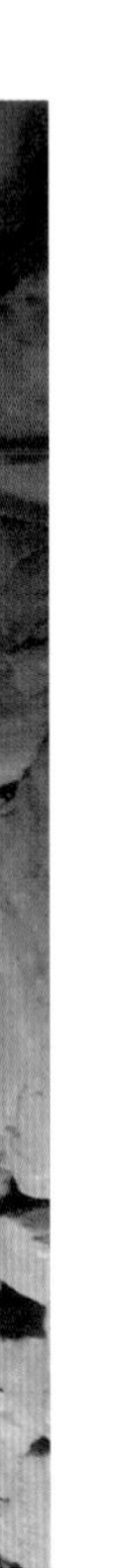

DATA

形状：前方後円墳
規模：高さ5.5m（後円部）・長さ70m
築造時期：6世紀後半
埋葬施設：横穴式石室
出土遺物：馬具・玉類など（副葬）

モニュメントから多様な墓へ

⑫多様な横穴式石室が集まった信濃の飯田盆地

同じ特徴の横穴式石室が一定の範囲にまとまる三河のような地域もあれば、さまざまな特徴をもった多様な横穴式石室が狭い範囲に集まる場所もある。飯田盆地はそのこと

飯沼天神塚古墳　前方後円墳、高さ8.5m（後円部）・長さ74.5m、石室全長12.6m以上、6世紀前半（長野県飯田市）

畦地１号墳　円墳、径19.8×15m、石室全長7.2m、6世紀前半（長野県飯田市）

で著名。基本は近畿系の横穴式石室が多いが、飯沼天神塚古墳のように異様に細く長い羨道が付いたり、畦地（あぜち）1号墳のように玄室がL字状に屈曲したり、それぞれに自由度を含んでいる。飯田は馬の生産地。それに関与するいろいろな人が集まっていたことが背景とされる。

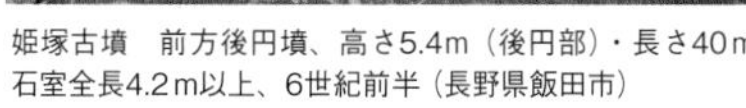

姫塚古墳　前方後円墳、高さ5.4m（後円部）・長さ40m、石室全長4.2m以上、6世紀前半（長野県飯田市）

おかん塚古墳　前方後円墳、長さ50m（推定）・石室全長3m以上、6世紀後半（長野県飯田市）

⑬中部地方に広がった横穴式石室

加牟那塚古墳　円墳、径45m、6世紀後半（山梨県甲府市）

広い中部地方にも、主として六世紀後半以降、さまざまなルーツをもった横穴式石室が広まっていく。駿河の賤機山古墳のように近畿系横穴式石室を導入したものや、甲斐の加牟那塚古墳のように玄室と羨道に境のない無袖式ながら、長さが一六・七五メートルにも達するものもある。信濃の善光寺平にある大室古墳群は、積石塚を主とすることから渡来人の墓群と考えられていて、天井を合掌形にしたものが注目される。

大室168号墳　方墳、14×13m、石室全長1.9m、5世紀（長野県長野市）

賤機山古墳　円墳、径32m、石室全長13.2m・高さ3.8m、6世紀後半（静岡県静岡市）

⑭関東のさまざまな横穴式石室1 巨石を用いた近畿系

関東最大の横穴式石室

八幡観音塚古墳

群馬県高崎市

五世紀にたくさんの大型古墳を築いた関東では、六世紀に入っても、横穴式石室を収めた古墳を盛んに築く。そして、そのスタイルのルーツやヴァリエーションが多いことには注目される。中心となった上毛野には、巨石化のピークに達した近畿系横穴式石室が点々と入ってくる。その最大の八幡観音塚古墳は、六世紀終わりと少し下るが、大型前方後円墳に巨石を組んだ石室が収まり、豪華な品々が副葬されていた。近くの観音塚考古資料館で見学できる。

DATA

形状：前方後円墳
規模：高さ14m（前方部）・長さ105m
築造時期：6世紀末
埋葬施設：横穴式石室
出土遺物：青銅鏡4、装飾大刀、金銅装馬具、挂甲、銅鋺（どうわん）、土器など（副葬）

モニュメントから多様な墓へ

⑮関東のさまざまな横穴式石室2　無袖式の発達

近畿では無袖式の横穴式石室は大型化せず、ほとんどが群集墳などに収められた小型のものに限られるが、中部や関東ではしばしば大型化し、上位の主人公たちの眠るところとなる。上総の金鈴塚(きんれいづか)古墳は、長さ一〇〇メートルの前方後円墳に、小型石材で組み上げた全長九・六メートルの無袖式横穴式石室が入る。豪華な副葬品などから、馬来田国造(まくたこくぞう)の墓とする説がある。近年、関東の無袖式横穴式石室のルーツの一つが加耶にある可能性も指摘されている。

金鈴塚古墳
前方後円墳、
長さ100m、6世紀末
(千葉県木更津市)

中ノ峯古墳　円墳、径9m、石室全長5m、6世紀中ごろ（群馬県渋川市）

モニュメントから多様な墓へ

⑯関東のさまざまな横穴式石室3 独自の技術と世界観

関東が生み出した
オリジナルの大石室

綿貫観音山古墳

群馬県高崎市

八幡観音塚古墳とともに、六世紀上毛野の二大古墳とされる大型前方後円墳の綿貫観音山古墳は、地域の独創性を積極的に発揮する。石室の全長は三・一二・六五メートルであるが、玄室の幅は三・九五メートルと異様に広い。石材をブロック状に加工して整然と組み上げるのは、同じ時期の近畿系にも九州系にもない新技術。驚くべきは、棺を用いず、玄室の奥に遺骸をそのまま寝かせる「屍床」を設ける独自の世界観である。六世紀以降の古墳に近畿の統制などほとんどない。

DATA

形状：前方後円墳
規模：高さ9.6m（後円部）・長さ97m
築造時期：6世紀後半
埋葬施設：横穴式石室＋屍床
出土遺物：青銅鏡2

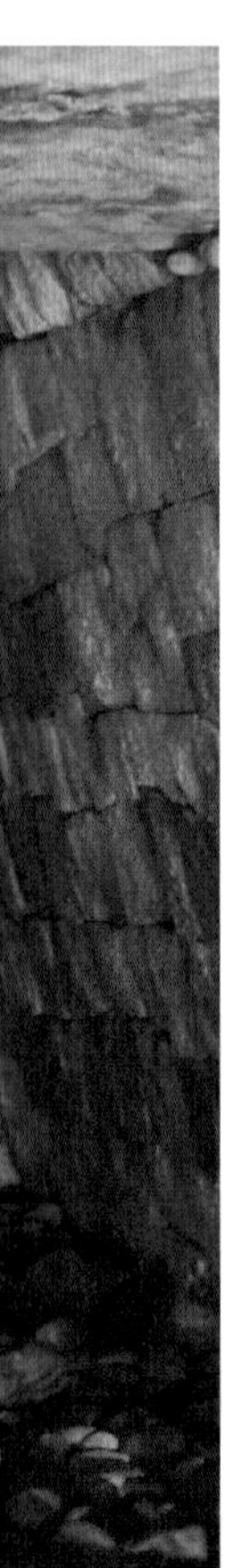

モニュメントから多様な墓へ

⑰関東のさまざまな横穴式石室4　ここにしかない模様積

美術館かと驚いた

伊勢塚古墳

群馬県藤岡市

関東以外ではみられない横穴式石室として、「模様積」とよばれるものが、上毛野南西部から武蔵の北西部にかけて、少数ながら認められる。もっとも有名な上毛野の伊勢塚古墳は、中ほどが広がる胴張形の玄室に羨道が付いたもので、細長い結晶片岩の片端を出す方向で細かく壁を組み、あいだに大きめの球形の自然石をはさんでカスリ模様を描く。アートと化した横穴式石室であり、古墳の築造がもはや自由な世界観を背景としていたことをしめす。

DATA

形状：八角形墳
規模：径27.2m
築造時期：6世紀後半
埋葬施設：横穴式石室

⑱関東のさまざまな横穴式石室5 自由な造形へ

北関東独自のアレンジ

吾妻古墳

栃木県栃木市

上毛野の綿貫観音山古墳と並んで、近畿や九州にはない独特の造形を見せる古墳が、下毛野にも現れた。典型は吾妻古墳。長さ一二八メートルの二段の前方後円墳であるが、下段は形が鈍化して広い基壇となる。全長八・四メートルの複室構造の横穴式石室が、前方部端の中軸に開口するという配置も特異で「下野型前方後円墳」といわれる。石室の玄門と天井石は、近くの壬生町城址公園に保管されている。付近は飛鳥時代にも盟主的な古墳の築造が続く。

手前が周溝、向こうが基壇、奥が墳丘

天井石

DATA

形状：前方後円墳
規模：長さ128m
築造時期：6世紀後半
埋葬施設：横穴式石室
出土遺物：挂甲小札、帯金具、
玉類など（副葬）

玄門

⑲関東のさまざまな横穴式石室6　苦心する石材の調達

広大な平地が広がる関東平野は、山塊の多い西日本ほどの石材を得にくく、横穴式石室の築造は苦心が大きい。常陸南部のように、導入が遅れるところもある。地元の小さな河原石を集めることもあれば、筑波山周辺の雲母片岩や秩父産の緑泥片岩のような大型石材を取りよせることもある。三つの複室をもつ武蔵最大の八幡山古墳の石室（関東の石舞台）は、さまざまな場所から調達してきた何種類もの石材を用い、インテリアの雰囲気も複雑である。

大日塚古墳　前方後円墳、長さ35.6m、石室玄室長2.8m、6世紀後半（茨城県行方市）

外城２号墳　円墳、径20m、石室全長4.2m、6世紀後半（栃木県小山市）

八幡山古墳　円墳、推定径80m、石室全長16.7m、7世紀前半（埼玉県行田市）

第4部 古墳が終わる道筋

ここまでは、主としてその発生と発達に焦点を当て、古墳のさまざまな要素の出現や変化を見てきました。本書も後半に入る第４部では、六世紀以降、古墳の要素や姿がにわかに変容し、七世紀の飛鳥時代から奈良時代が始まる八世紀初頭に向けて減少、衰退、消滅していく過程を追います。

こういうネガティヴな過程を追うのは往々にして地味でつまらないことがありますが、古墳はそうではありません。もともとの姿を失って変容していくとき、築造者の好みや地域の伝統の違いに応じて、興味深い多様性がにじみ出てきます。

その端的な表れを一ついいますと、五世紀までは「典型」的でなおかつ大規模な古墳が、大和と河内を中心とする近畿地方に集中していました。そういうことが喧伝され、名だたる古墳は近畿にしかないと思っている人も少なくないかもしれません。けれども六世紀以降になると、たとえば全国一高い横穴式石室をもつ古墳が肥後（熊本県）に築かれたり、七世紀以降の最大の墳丘が下毛野（栃木県）や下総（千葉県）に集まっていたりします。もちろん、そういう場所に大王や天皇はいなかったでしょうから、古墳の規模と形を地位の表示とする理解が適切でないことは、そこからも容易にうかがえます。それを念頭に置き、古墳が消える道筋をたどってみましょう。

①切石の主役化

六世紀も終わって七世紀の飛鳥時代に入ると、前方後円墳はなくなり、古墳の数そのものが減っていく。多人数のために大きく作るのではなく、限られた身分の人のためだけに美しく凝った作りを目ざすようになる。この動きをリードしたのは、大王や大豪族のいた大和。その最初の事象は、横穴式石室の壁を切石で整然と組み上げることであった。最初は、六世紀までに発達した大型横穴式石室が切石化されるが、その後は徐々に小型化していく。

岩屋山(いわややま)古墳　方墳または八角形墳、一辺40m、石室全長17.8m、7世紀前半
(奈良県高市郡明日香村)

西宮古墳　方墳、一辺35.5m、石室全長14m、7世紀中ごろ（奈良県生駒郡平群町）

文殊院西古墳　円墳、径25～30m、石室全長12.5m、7世紀後半（奈良県桜井市）

②眠る場所のコンパクト化

新しい思想をもった
横口式石槨の出現

寺崎白壁塚古墳

奈良県高市郡高取町

飛鳥時代には、横穴式石室の玄室中に石棺を収めるという石の二重の空間構造は、上位の埋葬からも失われていく。それに代わり、大和や河内でスタンダード化していくのは横口式石槨。カプセルホテルのベッドのような一人埋葬用の空間を板石で組んで作り、前室や羨道が付く。棺は木棺または乾漆棺（麻布を漆で塗り固めた棺）と考えられる。飛鳥中心部に近い寺崎白壁塚は、三層の方墳で、風水思想に基づいて周囲に掘割を作っているといわれる。

DATA

形状：方墳
規模：一辺35m
築造築造築造：7世紀
埋葬施設：横口式石槨

古墳が終わる飛鳥の道筋

③百済とのつながり

横穴式石室や横口式石棺を、巨石や板石でなく、「磚（せん）」とよばれるレンガ状の加工石材を組み合わせて作る例が、大和の桜井市付近などにかたまってみられる。「磚槨（せんかく）式横口式石槨」の花山（はなやま）西塚古墳と、「磚槨式横口式石室」の花山東塚古墳は有名。いずれも石製粗面岩のレンガ状ブロックを利用した七世紀後半のものである。磚槨は、高句麗をルーツとして、百済で上位の埋葬として流行する。渡来系の貴人が葬られた可能性が高い。

舞谷2号墳　方墳、11×9m、石室全長4.4m以上、7世紀後半（奈良県桜井市）
側壁から天井へ磚で持ち送る

花山東塚古墳　円墳、径17m、玄室全長3.15m、7世紀後半（奈良県桜井市）

花山西塚古墳　円墳、径16m、石槨全長6.2m以上、7世紀後半（奈良県桜井市）　奥に横口式石槨

④最後に盛られる高度な技術、華麗な装飾

飛鳥時代も後半に入ると、板石積みや切石積みのほか、高度な技術で大きな石材を刳りぬいて巧みに組み合わせた横口式石槨などが競作されるようになった。飛鳥観光でも有名な鬼の俎(まないた)と鬼の雪隠(せっちん)は、花崗岩を刳りぬいて作った横口式石槨の床石と蓋石である。奈良時代に入る八世紀の初めには、高松塚古墳やキトラ古墳のように、板石を組み合わせた横口式石槨の壁に漆喰を塗り、高句麗にルーツをもつ彩色画を描いたものも現れる。

キトラ古墳復元　近隣の「キトラ古墳壁画体験館 四神の館」で見学可能

鬼の雪隠　蓋石　内法の幅1.5m（奈良県高市郡明日香村）

鬼の俎　底石（床）、長さ4.5m・幅2.7m（奈良県高市郡明日香村）

列島各地の飛鳥化の波

①九州

六世紀には巨石化があまり顕著でなかった北部九州の横穴式石室は、むしろ飛鳥時代に入るころから、板状や角柱状の巨石を用いて大型化する傾向がある。飛鳥を中心とした倭王権の核である大和や河内とは、この点で異なる。近畿に多い横口式石槨がきわめて少ないことも、その要因の一つといえよう。北部九州沖の海上交通を管理したといわれる宗像(むなかた)氏（胸形君(むなかたのきみ)）が築いたとされる手光波切不動古墳(てびかなみきりふどう)は珍しい横口式石槨であるが、やはり規模は大きい。

手光波切不動古墳　円墳、径20m、石室全長10.8m以上、7世紀後半（福岡県福津市）
石室奥は横口式石槨

江田穴観音古墳　円墳、径17m、石室全長9m、6世紀末（熊本県玉名郡和水町）
江田船山古墳（166-167ページ）の後裔か

今里不動古墳　円墳、径34m、石室全長11.2m、6世紀末〜7世紀初頭（福岡県福岡市）

列島各地の飛鳥化の波

②四国

四国でも、七世紀の飛鳥時代に入ってから、墳丘と埋葬施設の規模が大きくなる傾向がある。最上位は「角塚型」とよばれる巨石の横穴式石室。両側から飛び出した角柱状の石材で羨道と玄室の境界を作る点は、九州系横穴式石室にルーツがあるが、奥壁に巨大な一枚岩を用いるのは吉備の近畿系横穴式石室に似る。讃岐の西端部、伊予の東端部、および高知平野の西部に大型のものが築かれるが、そこが後に国の中心部（国府など）にならないことは興味深い。

角塚古墳　方墳、42×38m、石室全長12.5m、7世紀前半（香川県観音寺市）

宇摩向山古墳　長方形墳、70×46m、1号石室（写真）全長 10.8m、
2号石室全長 14.3m、7 世紀前半（愛媛県四国中央市）

朝倉古墳　墳形不明、石室推定全長10.3m、7世紀前半（高知県高知市）

列島各地の飛鳥化の波

③出雲

六世紀後半に地域独特の石棺式石室が創出される出雲東部では、飛鳥時代に入っても、上位の古墳にそれが受け継がれた。のちに出雲国府が置かれる松江市南郊の山代地域には、とくに集中して認められる。七世紀前半の地域盟主の墓とされる山代方墳は、四五×四三メートルの二段築成の方墳で、複室構造の石棺式石室である。奥の石室には遺骸を横たえた石の屍床がある。内部は壮観であるが、現在、出入口がきわめて狭いので勇気と注意が必要。

山代方墳　方墳、45×43m、
7世紀初め（島根県松江市）
前室から奥室を見る

山代原（やましろはら）古墳　方墳、
一辺推定23m、
7世紀前半（島根県松江市）

④吉備

五世紀の大型墳丘、六世紀の巨石の大型横穴式石室の盛行と、古墳時代を一貫して、吉備は大和や河内と近い動きをみせる。七世紀の飛鳥時代に、上位の埋葬として横口式石槨が多用されるのも、その動きが続いているといえよう。それがとくに顕著なのは、現在は広島県東部の福山市付近を中心とする備後の地域。羨道の奥に三つの横口式石槨が十字形に付いた尾市(おいち)1号墳は、最大の見ものである。

大佐山白塚(おおさやましらつか)古墳
方墳または円墳、一辺12m、石室全長7.8m、7世紀前半
(広島県福山市)

長砂(ながさこ)2号墳　方墳、一辺9m、石室全長4.5m、7世紀(岡山県総社市)
奥に横口式石槨

尾市1号墳　八角形墳、径10.5m、石室全長6.7m、7世紀後半（広島県福山市）

古代国家の地域拠点を目指した

河田山33号墳

石川県小松市

飛鳥時代に上位の古墳が築かれる際に興味深いのは、その場所が奈良時代以降の国の中心地（国府などの所在地）になるのかどうかという点である。越中と越前にはさまれていた広い地域の中間に、八二三年、加賀が立国される。この付近にはすでに七世紀後半、飛鳥の切石積石室の影響を強く受けた河田山33号墳が築かれていた。現在は、石川県小松市の資料館（加賀国府ものがたり館）に移築され、詳しい解説とともに見学ができる。

発掘中の
河田山33号墳

DATA

形状：方墳
規模：9.5×9m
築造築造：7世紀後半

埋葬施設：横穴式石室＋木棺
出土遺物：土器など（副葬）

列島各地の飛鳥化の波

⑥関東1 上毛野

六世紀に、近畿系や九州系をルーツとする横穴式石室が入ってきただけでなく、そのいずれとも構造や表現の異なる、綿貫観音山古墳のような独自性の強い横穴式石室が生み出されて、多様な展開をとげた関東地方。こうした状況は、七世紀の飛鳥時代にも受け継がれる。のちに上野国の中心となる群馬県前橋市の総社地域では、宝塔山(ほうとうざん)古墳・蛇穴山(じゃけつざん)古墳と、大型で精緻な切

宝塔山古墳　方墳、一辺66m、石室全長12m、7世紀中ごろ（群馬県前橋市）

石積横穴式石室をもつ大きな方墳が連続して築かれた。

蛇穴山古墳　方墳、一辺44m、石室全長4.07m、7世紀後半（群馬県前橋市）

列島各地の飛鳥化の波

⑦関東2 下毛野・下総

飛鳥時代には大きな墳丘を築かない大和や河内に対し、巨大な方墳（龍角寺岩屋古墳など）が下総に、巨大な円墳（壬生車塚古墳など）が下毛野に築かれた。古墳を大きく築くという五世紀以降の世界観が、この地域ではまだ続いたのである。下総の巨大方墳の横穴式石室は、白い貝の化石を多く含む茶褐色の凝灰質砂岩をブロック状に加工して整然と積み上げる。下毛野の巨大円墳の横穴式石室は、複室構造の巨石積みで、山陰の石棺式石室に似ている。

龍角寺岩屋古墳（詳細は18-19ページ）
（千葉県印旛郡）

上福田岩屋古墳　方墳、一辺34m、
玄室長さ2m・幅2.8m（T字形平面）
7世紀（千葉県成田市）

壬生車塚古墳　円墳、径84m、石室全長5.4m、 7世紀前半（栃木県下都賀郡壬生町）

⑧東北
北の地方官人が眠るところ

東北の古墳築造は、五世紀に入るころが最盛期で、それ以降は盛んでない。古墳をモニュメントとして社会を維持していくような構造が、この地域ではその後あまり発展しなかったと思われる。ただ、飛鳥時代になって、大和を中心とする王権が列島の広域支配を試みるようになると、軍事的な進出も含んだ東北地方

金原(かなばら)古墳　円墳、径24m、石室全長4.6m、7世紀中ごろ
(山形県東置賜郡高畠町)

の政治的管理が始まる。山形県南部の置賜（おきたま）地方は、飛鳥にあるような精緻な切石積の石室が、東北最初の地方官人の墓として築かれた場所の一つである。

安久津（あくつ）2号墳　円墳、径22m、石室全長4.9m、7世紀後半（山形県東置賜郡高畠町）

列島各地の飛鳥化の波

⑨仏教系デザインの導入

飛鳥時代、古墳が消滅していく道筋と併行して進むのは、仏教思想の普及である。なかでも寺院の建立は、大和の法興寺(ほうこうじ)（飛鳥寺）や斑鳩寺(いかるがでら)（法隆寺）などから始まり、飛鳥時代のあいだに日本列島の各地に広まった。氏族のモニュメントが、古墳から寺院へとシフトしたという理解が有力である。このとき、寺院の屋根瓦にみられる蓮華紋が家形石棺の縄掛突起に表現されたり、仏教系意匠の格狭間(こうざま)が石棺の造形に取りこまれたりする。

水泥南(みどろみなみ)古墳石棺　縄掛突起に彫られた蓮華文、円墳、径25m、石室全長10.8m　7世紀初め（奈良県御所市）

宝塔山古墳石棺　古墳の詳細は218ページ参照、石棺下辺（脚部）の波形切抜きが仏教系文様の格狭間

⑩陶棺から蔵骨器へ

六世紀後半から、七世紀の飛鳥時代にかけて、大和と、それによく似た古墳の展開をみせる吉備で、粘土を造形して焼いて作った陶棺が、横穴式石室などからよく見つかる。家形石棺よりは下位、木棺よりはやや上位の埋葬と考えられる。陶棺は、とくに吉備では火葬が普及する奈良時代には蔵骨器として小型に作られ、かなり多用された。近畿では麻布を漆で固めた乾漆棺（夾紵棺〈きょうちょかん〉）が残り、藤原鎌足の墓とされる摂津の阿武山古墳が著名な例である。

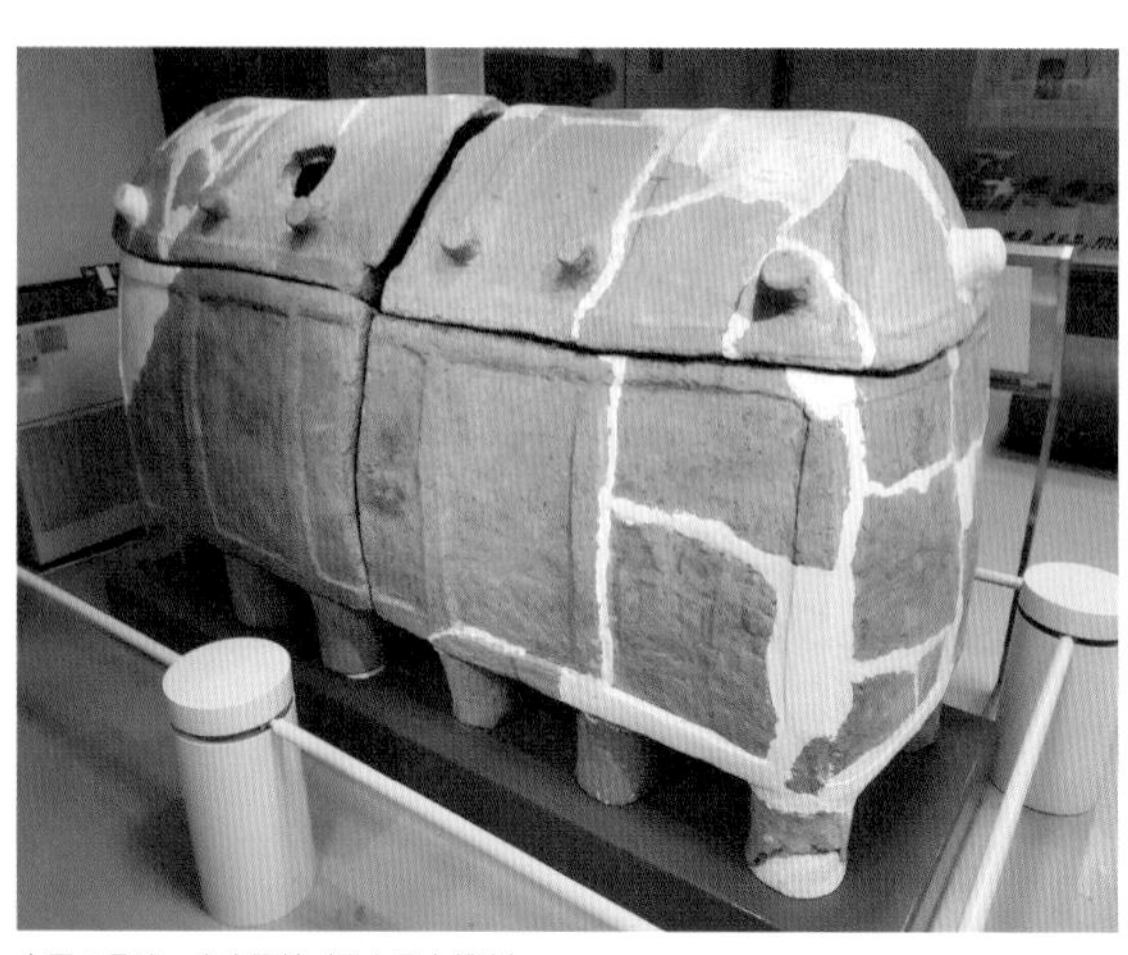

吉原３号墳　出土陶棺（岡山県赤磐市）

安福寺　所蔵乾漆棺部材（大阪府柏原市）

唐臼所在古墳　出土蔵骨器（岡山県久米郡美咲町）

北の古墳、南の古墳①

東北と北海道

飛鳥時代が終わった古代国家の社会では、古墳はほぼ完全に消滅するが、その外側の地域には余韻が残る。古墳全盛期の5世紀には現在の岩手県南部に最北端の前方後円墳（角塚古墳）が築かれたあと、飛鳥時代にも横穴式石室が伝わって点在し、国家の支配を示す城柵が、現在の岩手や秋田などに設けられる。そのさらに外側の東北北部と北海道南西部に、小規模な墳丘の群が、国家外部の在地集団の墓としてしばらく築かれた。

角塚古墳　前方後円墳、高さ4.3m（後円部）・長さ43m、5世紀後半（岩手県奥州市）

払田柵（秋田県大仙市）

阿光坊古墳群　7～9世紀（青森県上北郡おいらせ町）

江別古墳群　7～9世紀（北海道江別市）

北の古墳、南の古墳②

沖縄

日本の国家形成は、本州・九州・四国よりも八〇〇年ほど遅く、沖縄本島を中心とする南西諸島でも行われた。琉球王国である。古墳と直接の関係はないが、その形成の過程で、集団や王の力を演出するモニュメントが発達するという、いわば人類史に共通する現象が起きたことは変わらない。沖縄では、防御施設としてのグスクが発達。工族や貴族の墓も、墳丘は顕在化しないが、建物形の石室（玉陵（たまうどぅん）・ようどれ）や、石棺の安置として営まれた。

勝連城（かつれんぐすく）　14世紀（沖縄県うるま市）

浦添（うらそえ）ようどれ　13世紀　戦災による被害のあった箇所を修復した2つの琉球王の墓室（沖縄県浦添市）

津屋口墓（つやぐちぼ）　16世紀　王の系譜を引く地方豪族の石棺、悲しい伝説を背景に圧倒的な雰囲気をもった、私の心をいちばん動かした墳墓（沖縄県国頭郡今帰仁村）

第5部

古墳とは何か

第5部では、第2部から第4部まで見てきた古墳の変化が意味するところを、おもに棺や石室に副葬された品々の変化と合わせて見ることによって具体化してみましょう。いわば、古墳の出現、発達、消滅の意味を、最終的に明らかにしたいと思います。

三世紀に現れた古墳は、四世紀にかけて、主人公を神とする舞台として成長します。四世紀の終わりには周濠（しゅうごう）や埴輪など、世代を超えて形を維持するモニュメントとして完成し、五世紀には最大の規模になります。ところが六世紀には、朝鮮半島から伝わった横穴式石室を核とする「墓」へと逆戻りし、やがて姿を消していきます。

なお、第6部には、規模や副葬品の数などで「ここが一番」の古墳を並べてみました。古墳の本質を考えるうえで重要な認識が得られます。たとえば、最多や最大の青銅鏡が出土したのは、今のところ最大の古墳からではありません。圧倒的多数の碧玉製品や飾り矢（青銅鏃）が出たのも、いずれも大和ではありますが、少し小さな古墳や、主人公が眠る中心埋葬ではなく副次的な棺などからです。近年発見された奈良県富雄丸山（とみおまるやま）古墳の長大な鉄剣や唯一無二の盾形銅鏡も、前方後円墳ではなく円墳の造り出しからの出土でした。古墳が、一元的な地位の表示ではなかったことを強く示唆する事例です。

亡き主人公を天にまつりあげる品々の配列

黒塚古墳

奈良県天理市立黒塚古墳展示館

墳丘を高く作り、主人公を頂上から天に差し上げ、神にする演出を調える。そして、それを取り囲んで配置する品々をいっきに増やす。これがモニュメントとしての古墳のスタートである。品々の中心は、まず青銅鏡。青銅鏡は世俗の道具でなく、光を反射したり、背面に世界観の図像を鋳出したりして、主人公を神に近づけることを演出した。まず、それを目的の大きな一つとして、倭の古墳はクリエイトされた。

DATA

形状：前方後円墳
規模：高さ11m（後円部）・長さ130m
築造時期：3世紀後半
埋葬施設：竪穴式石室＋木棺
出土遺物：青銅鏡34、鉄製刀剣、鏃、小札、工具など（副葬）

前期（三世紀中ごろ〜四世紀中ごろ）、主人公を神にする舞台へ②

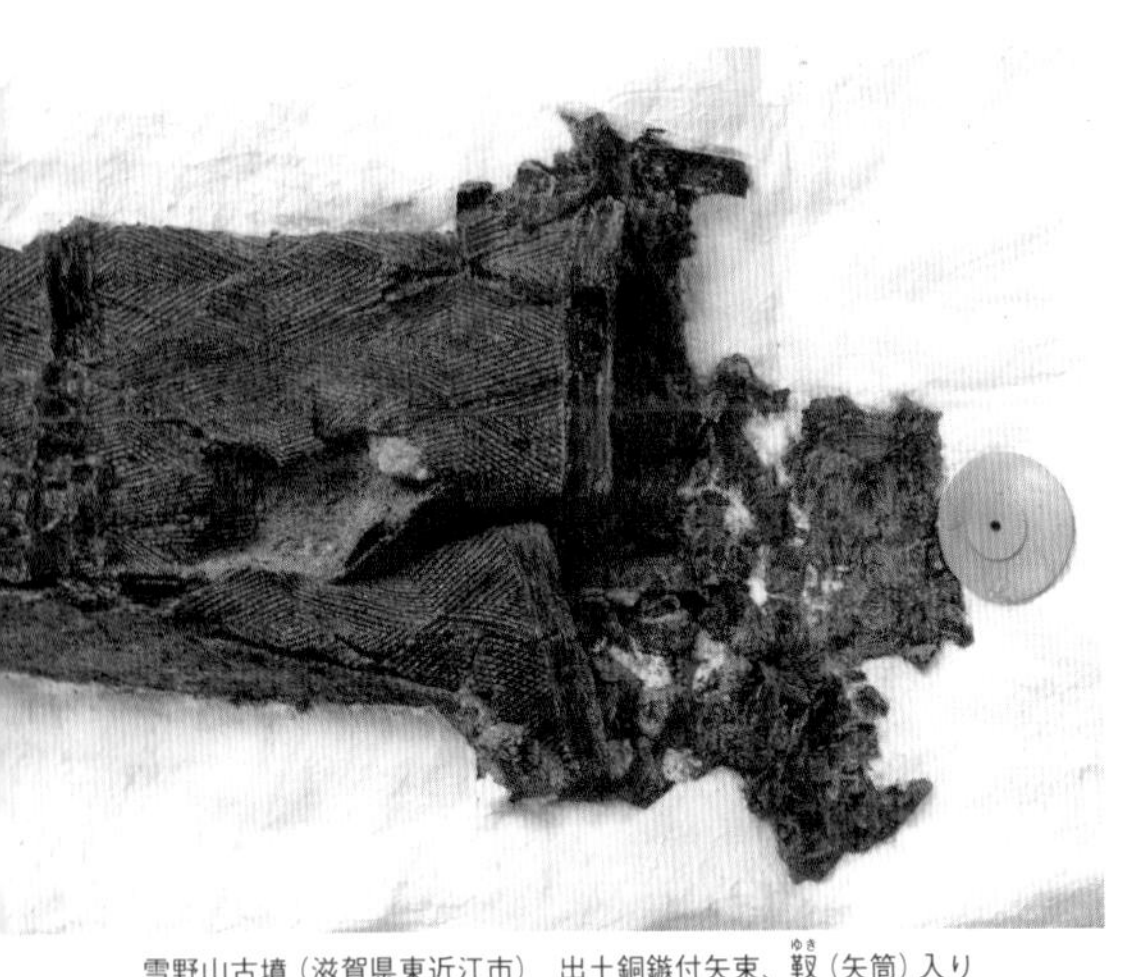

雪野山古墳（滋賀県東近江市）　出土銅鏃付矢束、靫（矢筒）入り

青銅鏡とともに頂上の主人公を多く囲むのは武器。とくに目立つのは、鉄や青銅の鏃（矢じり）を付けた矢の束である。これも倭にしか認められないことであるが、その鏃は、機能的な実用性（適度な重さ、細さ、先端の鋭さなど）ではなく、使用とは関係のないアーティスティックなデザインを強く帯びていく。鉄鏃の肥大化、青銅鏃の先端の鈍化と精緻な側縁のS字形造形、鏡と同じ良質原材の使用などが、三世紀後半〜四世紀前半に高揚した。

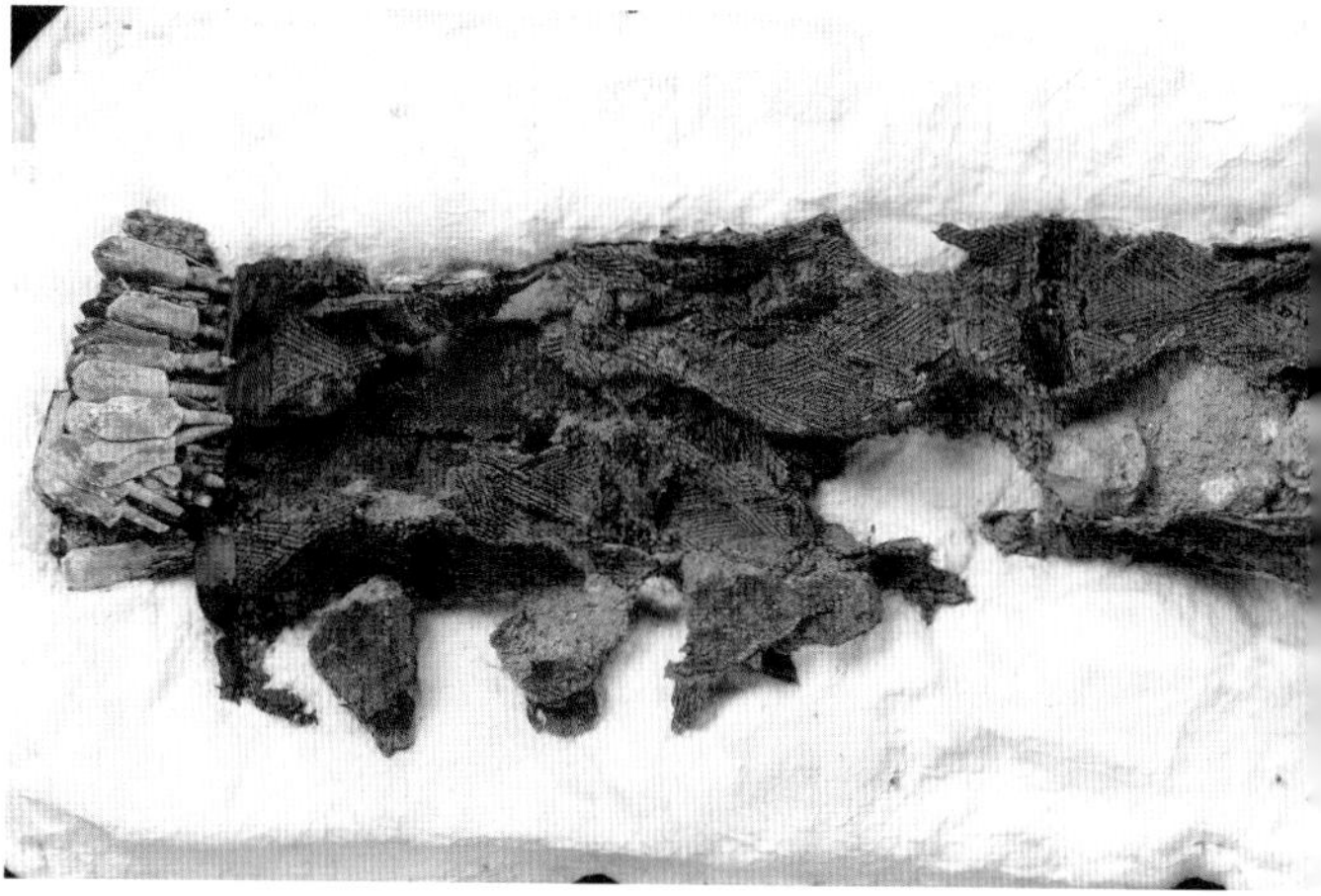

ホケノ山古墳（奈良県桜井市） 出土鉄鏃

前期（三世紀中ごろ〜四世紀中ごろ）、主人公を神にする舞台へ③

前期の四世紀に進んだ古墳の品々の一大現象に、南西諸島産貝輪を対象とした玉器化（腕輪形碧玉製品、鍬形石・石釧・車輪石）がある。鏡は中国、腕輪形碧玉製品は南の海という遠い別世界にルーツをもつという意識が、古墳にまつられる神としての演出の一つであったろう。政治的なつながりをもつ中国と並び、なぜ南の海が演出されたのかは今後の考察の課題であるが、五世紀以降に強調される古墳と水の世界との関係につながっているかもしれない。

オオツタノハ

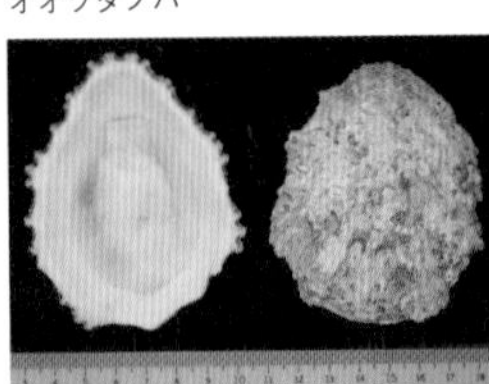

オオツタノハ製貝輪

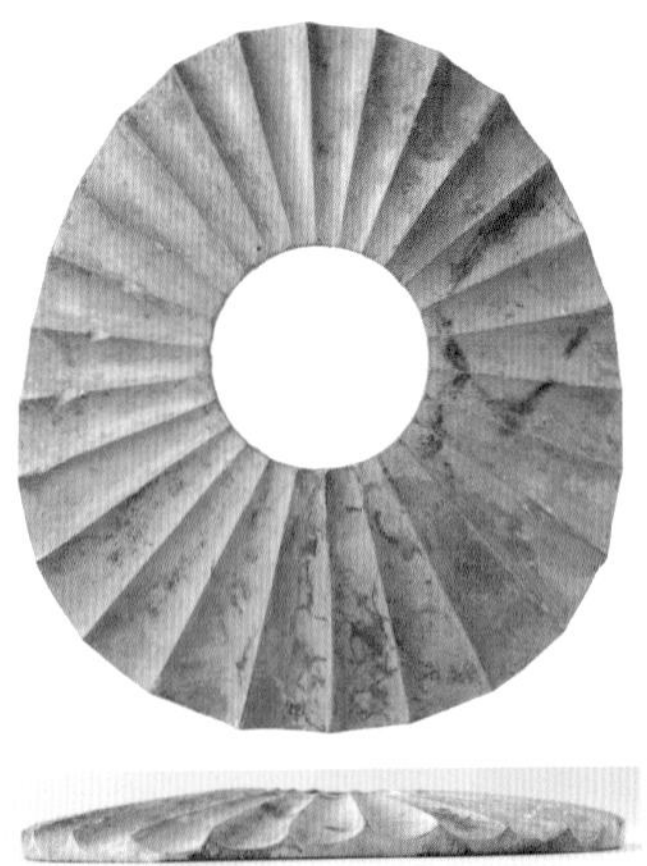

車輪石　島ノ山古墳（奈良県）

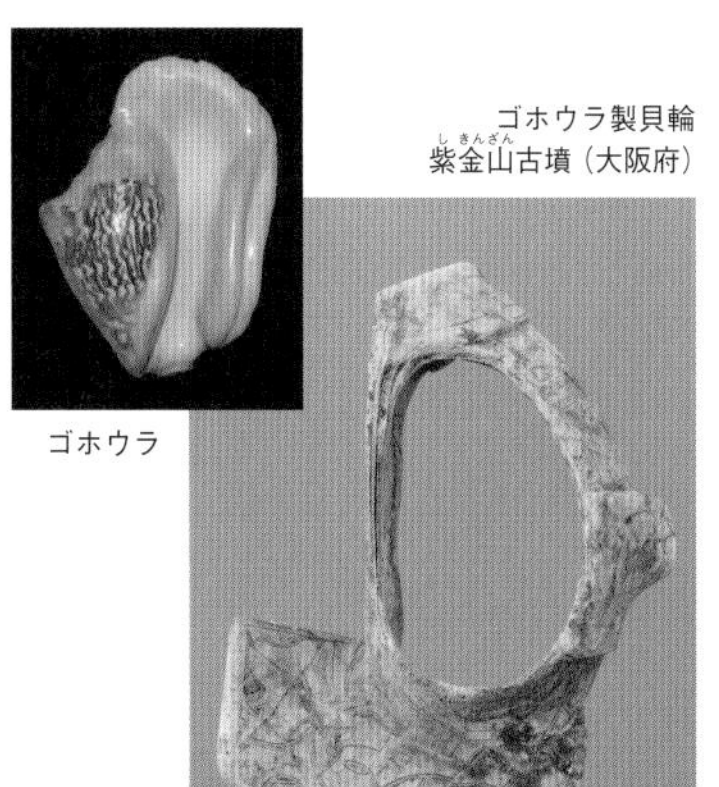

ゴホウラ

ゴホウラ製貝輪
紫金山古墳（大阪府）

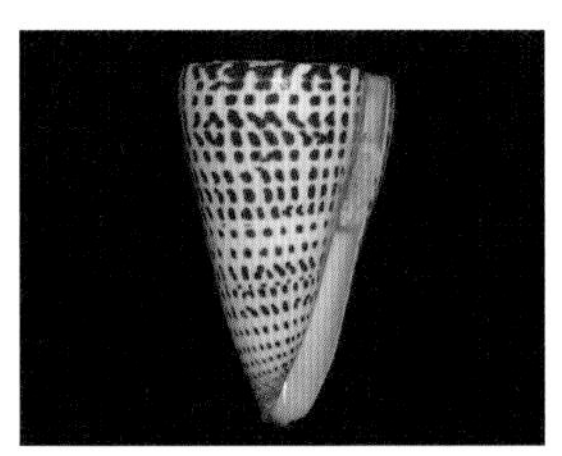

イモガイ

イモガイ製貝輪

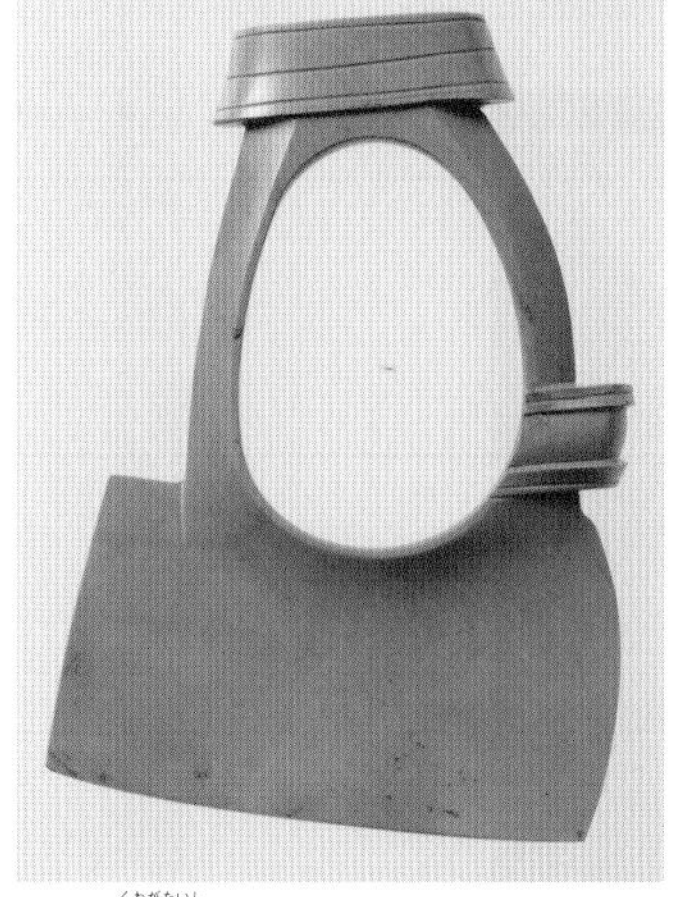

鍬形石　紫金山古墳（大阪府）

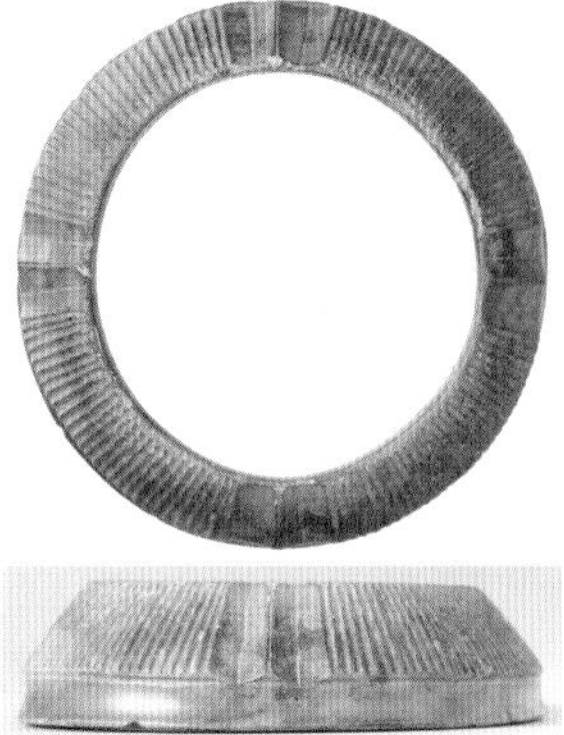

石釧　島ノ山古墳（奈良県）

中期（四世紀終わり近く〜五世紀）、古墳のモニュメント化が完成①

新たな意味をのせたモノへ有機から無機に永久化

地球の各地で先史文明が発展し、階層社会ができ、民族の意識が芽生え、国家へと成長していくという歴史のプロセスはたくさんある。このプロセスで、たくさんの人が力を合わせ、目を引く巨大な記念物—モニュメント—を作る。その意味や世界観を表現するため、形を演出し、付属物で作り立てることでモニュメントは完成する。墳丘や周濠の定形化、埴輪の配列などはモニュメントの完成に向けての重要な作業。中期の五世紀はその完成段階である。

蓋形埴輪
津堂城山古墳
（大阪府藤井寺市）

靫(ゆき)形埴輪　室宮山古墳（奈良県御所市）

中期（四世紀終わり近く～五世紀）、古墳のモニュメント化が完成②

武具（楯・靫）、蓋（玉座の屋根やパラソル）、建物など、埋葬儀礼にかかわった各種有機質の道具や施設を無機質に固定化した器財埴輪が、四世紀後半、まず古墳の頂上に並べられる。五世紀に入るころ、水の向こうの高い山として前方後円墳が演出されるようになると、そこに至る周濠の島や造り出しやくびれ部には、船や水鳥の埴輪が置かれる。谷とみなされるくびれ部の裾には、そこを流れ下ってくる水をまつる施設の埴輪（導水施設形埴輪）が配される。

周濠の島　巣山古墳（奈良県北葛城郡広陵町）

水鳥形埴輪　津堂城山古墳（大阪府藤井寺市）

船形埴輪
宝塚１号墳（三重県松阪市）

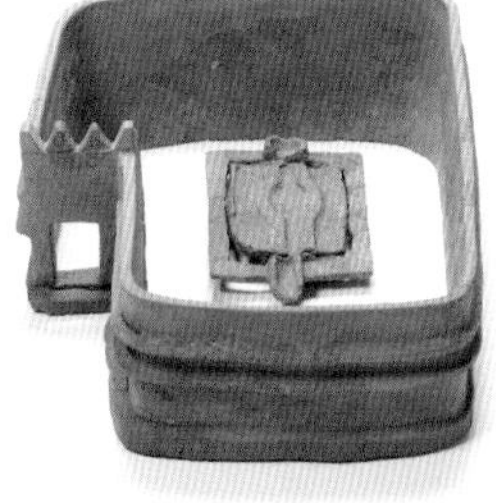

導水施設形埴輪　宝塚１号墳（三重県松阪市）

中期（四世紀終わり近く〜五世紀）、古墳のモニュメント化が完成③

五世紀中ごろになると、今度は、古墳で行われた人びとや動物たちによる儀礼行為の場面そのものが、埴輪として固定され、古墳というモニュメントに貼りつけられて新しいエクステリアとなる。主人公が眠る墳丘の上よりも、多くの人が参列し、さまざまな動きをした墳丘の裾や周堤が主になってくる。筑後川流域を中心とした九州では、同じ内容のエクステリアが、石で表現された。磐井を中心とした六世紀前半の九州政治勢力の反映とみる説が多い。

人物埴輪列　保渡田八幡塚古墳（古墳の詳細は114-115ページ）

石人・石馬・石靭・石楯（福岡県八女市）

鉄製甲冑　島内139号地下式横穴墓（宮崎県えびの市）

後期（六世紀）、古墳が墓に戻る①

五世紀に入り、古墳のモニュメント化は完成する。このとき、それまで主人公の神化を押しすすめてきたデザイン優先の鏃や、貝輪形を中心とする碧玉製品を主とする品々は副葬品からほぼ姿を消し、青銅鏡も一〜数枚へと減る。代わりに急増するのは実用性の高い鉄製の甲冑（よろい・かぶと）、矢束、刀剣などの武器。中国や朝鮮半島と確立しつつあった政治的関係の中で、軍事的な地位を重視された主人公たちの世俗的な姿もまた、演出されるようになった。

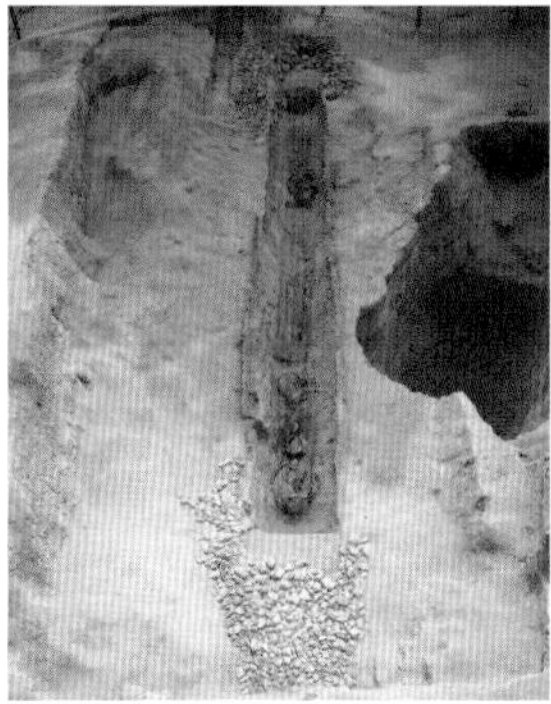

鉄製甲冑とそれを副葬した木棺　大塚古墳（大阪府豊中市）

多数副葬された鉄製甲冑　野中古墳（大阪府藤井寺市）

後期（六世紀）、古墳が墓に戻る②

六世紀以降、古墳の意味はまったく変わった。主人公を、高い墳丘の頂上にまつり上げるモニュメントから、地下の横穴式石室に眠らせる「墓」へと転換した。百済を中心とする朝鮮半島の墳墓と同じ思想的・社会的位置づけに倭の古墳は同化、国際的にスタンダード化したのである。こうなると、主人公の遺骸に添えられる品々もまた、暮らしを支える食器、仕事の道具、世俗的地位を表す装飾大刀・馬具・冠などの実用具に、ほぼ全面的に転換した。

金鈴塚古墳（千葉県木更津市）の装飾大刀

今市大念寺古墳（島根県出雲市）の副葬品から復元された主人公の姿

前二子古墳（群馬県前橋市）横穴式石室に復元された食器副葬

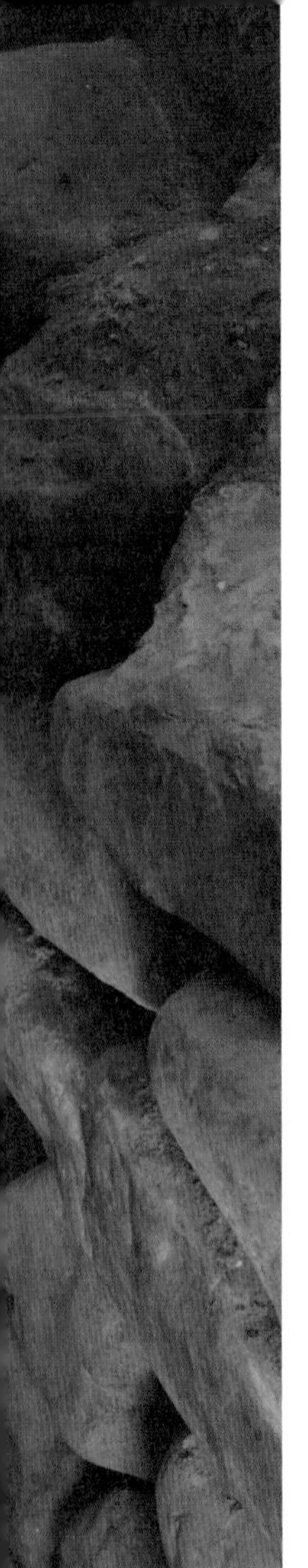

亡き家族をあの世へ送る

葉佐池古墳

愛媛県松山市

古墳時代前期（三世紀中ごろ〜四世紀中ごろ）、古墳は主人公を神として演出する舞台であった。中期（四世紀終わり近く〜五世紀）には、古墳は主人公の社会的・政治的レベルを競合して演出する、世界でも五本の指に入るほどのモニュメントとして完成した。後期（六世紀）になって東アジアのスタンダードに埋もれてしまうと、それらと同じ「墓」となり、家族たちをいっしょに葬り、記憶し、まつる場所へと変化した。

DATA

形状：長円形墳
規模：41×23m
築造時期：6世紀中ごろ
埋葬施設：横穴式石室3、小竪穴式石室2
出土遺物：鉄鏃、鉄斧、土器など（1号横穴式石室副葬）鉄器、馬具、土器など（2号横穴式石室副葬）

1号横穴色石室のレプリカ

第6部

古墳、ここが一番

各地にある最古の古墳

最古の古墳とふつうによばれるのは、三世紀中ごろに巨大な規模をもって突如出現する箸墓(はしはか)古墳である。ただし、小規模ながらその原型となる「纒向(まきむく)型前方後円墳」が、三世紀には、大和を中心にしつつ各地に現れることも確認されていて、それぞれの場所で「最古の古墳」とよばれている。後円部に向けて上がっていけるような低く短い前方部のありさまを確認することができる。

纒向勝山古墳　墳丘高さ7m（後円部）・長さ115m、3世紀前半（奈良県桜井市）
正面後円部、右奥前方部

秋葉山３号墳　墳丘高さ7.7m（後円部）・長さ51m、3世紀後半（神奈川県海老名市）
前方部は削平、手前崖面が削平痕

那珂八幡古墳（なかはちまん）　墳丘高さ8m（後円部）・長さ75m、3世紀中ごろ（福岡県福岡市）
鳥居下の黒ネコ付近が前方部と後円部の境

立ち入って上がれる
最大の古墳

造山(つくりやま)古墳

岡山県岡山市

後円部の高さ二九メートル、全長三五〇メートル。墳丘規模が全国四位であるが、三位まで（大仙陵古墳・誉田(こんだ)御廟山(ごびょうやま)古墳・上石津ミサンザイ古墳）は陵墓（天皇陵）に指定されているために立ち入れない。ちなみに、近くにある作(つくり)山(やま)古墳は、後円部の高さ二四メートル、全長二八二メートル。墳丘規模は全国一〇位であるが、立ち入って上がれる古墳としては二位。

DATA

形状：前方後円墳
規模：高さ29m（後円部）・長さ350m
築造時期：5世紀前半
埋葬施設：不明

後円部から前方部を見る

築造時の姿に復元された最大の古墳

五色塚古墳

兵庫県神戸市

後円部の高さ一九メートル、全長一九四メートル。復元されたのは一九七〇年代と古く、古墳の整備事業の先駆的成果でもある。前方部の向こうには明石海峡をはさんで淡路島。葺石はこの島から運ばれたものもある。瀬戸内海から大阪湾への入り口を管理したといわれるこの古墳の主人公を取り巻いた景色を、いまでも見わたせるタイムカプセル。

前方部上から後円部を見る

後円部から前方部を見下ろす。正面に淡路島、右手に明石海峡大橋

DATA

形状：前方後円墳
規模：高さ19m（後円部）・長さ194m
築造時期：4世紀後半
埋葬施設：竪穴式石室か

最大級の周濠

河内大塚山古墳

大阪府羽曳野市・松原市

周濠は、後世に修築されていたり、周囲の河川の状況によって広がりが変わっていたりして、幅や面積や容積を数量で示して比較することはむずかしい。やはり、五世紀の百舌鳥（もず）古墳群と古市（ふるいち）古墳群のものが見た目も大きく、大仙陵古墳内濠（見学可能な場所に立ち入れない）、上石津ミサンザイ古墳、岡ミサンザイ古墳、土師ニサンザイ古墳が壮観。六世紀の河内大塚山古墳もそれに匹敵し、墳丘が低いだけに、周濠の広がりが大きく目に映る。

DATA

形状：前方後円墳
規模：高さ20m（後円部）・長さ335m
築造時期：6世紀
埋葬施設：横穴式石室か
被葬者説：安閑大王、箭田珠勝大兄王子など

右手前が前方部、左手奥が後円部

最大級の竪穴式石室

森将軍塚古墳

長野県千曲市

古墳時代前期に高位の埋葬として大和を中心に作られる竪穴式石室は、大きいもので長さ八メートル、幅一・五メートル程度。そのあたりをマックスとする約束事があったらしい。ところが、この遠い信濃にある森将軍塚古墳の竪穴式石室は、幅が二メートルと格段に広く、その約束事から外れている。墳丘の形もまた、前方後円墳ながらオタマジャクシのように変形していて、自由度が高い。古墳時代前期の東国のユニークさ。

竪穴式石室レプリカ　森将軍塚古墳館

DATA

形状：前方後円墳
規模：高さ4m（後円部）・長さ100m
築造時期：4世紀後半

埋葬施設：竪穴式石室
出土遺物：青銅鏡、鉄製刀剣・鏃・工具、玉類（副葬）

入ることができる最長の横穴式石室

宮地嶽古墳

福岡県福津市

日本列島でいちばん長い横穴式石室は、石室の全長が二八・四メートルある大和の五条野丸山古墳。欽明大王の墓とする説も有力で、陵墓に指定されているので見学できない。立ち入り可能な最長の横穴式石室は宮地嶽古墳で、二三・五〜二四メートル。三立方メートルの巨石十三個で建立され、これほどの大きさの遺跡は他に類をみない。巨石の羨道と玄室の奥に石槨が付くという特異な形。開口以来、不動神が祀られており、年に三度開口され中に入ることができる。

DATA

形状：円墳
規模：径35m
築造時期：7世紀中ごろ
埋葬施設：横穴式石室
出土遺物：金銅装大刀・馬具・冠、玉類、装身具、土器類など（副葬）

容積最大級の横穴式石室

真弓鑵子塚古墳（まゆみかんすづか）

奈良県高市郡明日香村

石室の高さと長さから正確な容積を割り出すのはむずかしいが、最大級の有力候補と考えられる一例は、大和の真弓鑵子塚古墳。長さ六・三二メートル、幅四・二三メートル、高さ四・八メートルの玄室は、両側に羨道が付く特異なタイプで、渡来系の東漢氏が六世紀後半に築いたのではないかといわれている。現在は閉鎖されているが、近い将来に見学が可能となる見込みを期待したい。

DATA

形状：円墳 
規模：高さ8m・径40m
築造時期：6世紀後半
埋葬施設：横穴式石室＋石棺
出土遺物：装飾大刀、馬具、玉類、土器など（副葬）

もっとも高い横穴式石室

大野窟(おおののいわや)古墳

熊本県八代郡氷川町

巨大な横穴式石室は、大和を中心とする近畿に多いイメージもあるが、九州もひけをとらない。天井を高くする傾向の強い肥後型横穴式石室の大野窟古墳は、六・五メートルと日本列島最高。二番目は紀伊の岩橋(いわせ)型横穴式石室である天王塚古墳（一五八ページ）で、五・九メートル。近畿系横穴式石室では、大和の与楽カンジョ古墳が五・三メートル、摂津の鉢塚古墳が五・二メートル。有名な石舞台古墳は四・七メートル。

DATA

形状：前方後円墳
規模：高さ11.5m（後円部）・長さ123m
築造時期：6世紀後半
埋葬施設：横穴式石室
出土遺物：土器など（副葬）

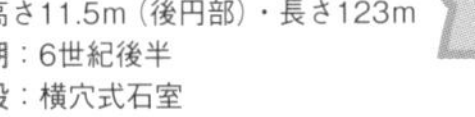

もっとも多数の青銅鏡が出土

桜井茶臼山古墳

奈良県桜井市

これまでの何度かの調査で、一〇三枚という驚くべき数の青銅鏡が副葬されていたことがわかったのは、大和の桜井茶臼山古墳。中国から取りよせた青銅鏡（舶載鏡）に加え、日本列島での青銅鏡（倭鏡）の生産が始まったことによって、それまでの倍以上の数が収められたのであろう。ただ、後円部三段に対して前方部が二段しかない墳丘は、最上位のものではない。すべてを差配する大王クラスが主人公ではなさそうである。

DATA

形状：前方後円墳
規模：高さ23m（後円部）・長さ200m
築造時期：3世紀後半
埋葬施設：竪穴式石室・木棺
出土遺物：青銅鏡103、鉄製刀剣、腕輪形碧玉製品、玉杖、銅鏃など（副葬）

発掘中の竪穴式石室

もっとも多数の
貝輪形碧玉製品が調査で出土

島ノ山古墳

奈良県磯城郡川西町

群を抜く数の腕輪形碧玉製品が置かれていたのは、前方部の粘土槨（竪穴式石室ではなく、木棺を粘土で覆った埋葬）。これもまた、当時の大和の最上位の埋葬ではない。なお、櫛山古墳（三四ページ）でも、かつて乱掘された際に腕輪形碧玉製品二三五点が出たとされる。これもまた最上位の埋葬でない。

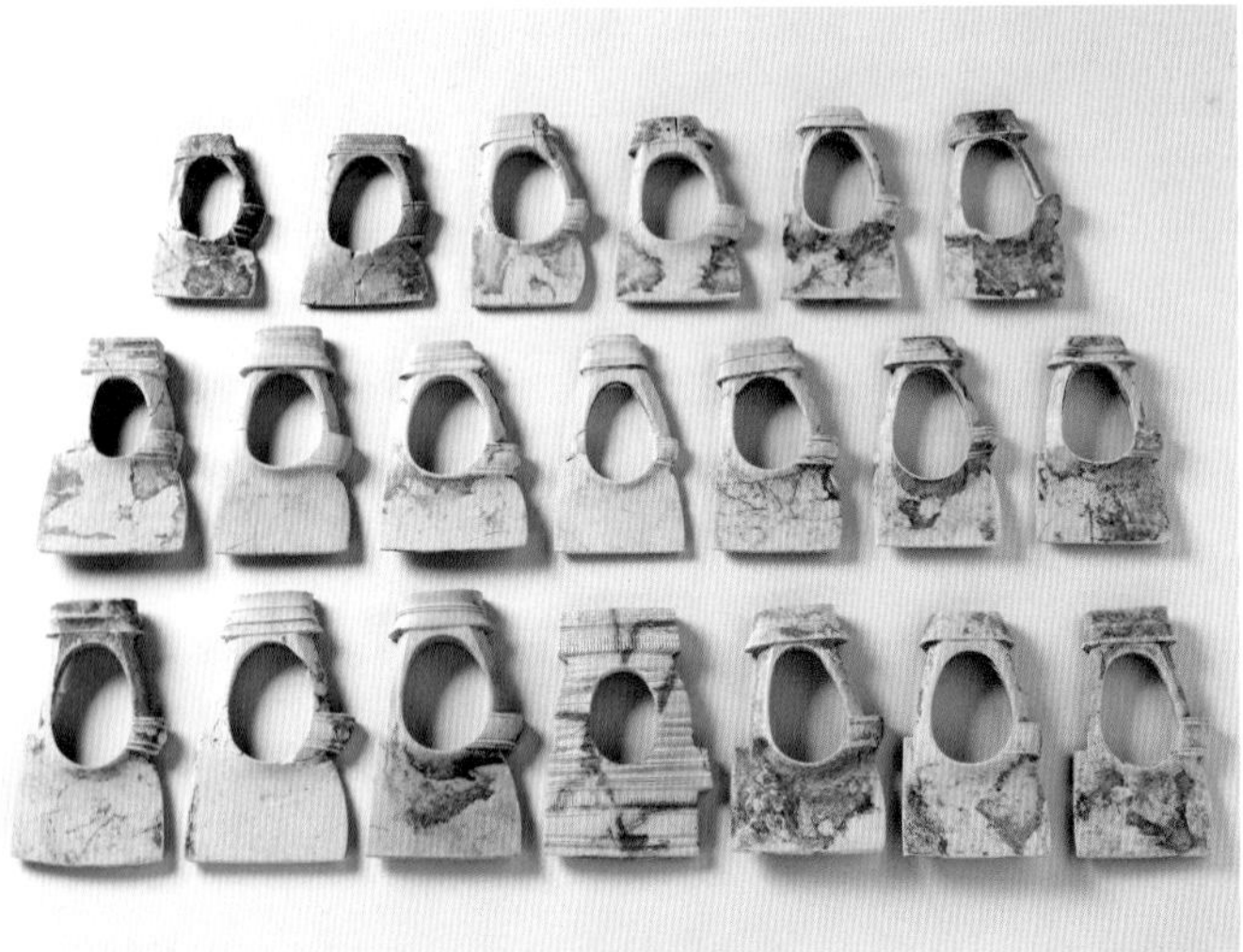

鍬形石21点

粘土槨上に配置された車輪石

車輪石80点

石釧32点

もっとも多数の青銅鏃が出土

東大寺山古墳

奈良県天理市

東大寺山古墳は、四世紀の大和では上位といえない全長一四〇メートルにとどまる前方後円墳で、埋葬施設も粘土槨。ところが、今のところ最多の約二六〇本という青銅鏃をもっていた。ほかにも、稀なほど凝ったデザインの環頭大刀、「倭国乱」期の年号（中平）を刻んだ鉄製大刀など、軍事にかかわる重要品を独占しているのである。なぜ、平凡な古墳の主人公に、そのようなことができているのであろうか。

装飾環頭大刀

DATA

形状：前方後円墳
規模：高さ8m（後円部）・長さ140m
築造時期：4世紀後半
埋葬施設：粘土槨
出土遺物：装飾大刀、青銅鏃、鉄製刀剣、腕輪形碧玉製品、容器形碧玉製品、玉類など（副葬）

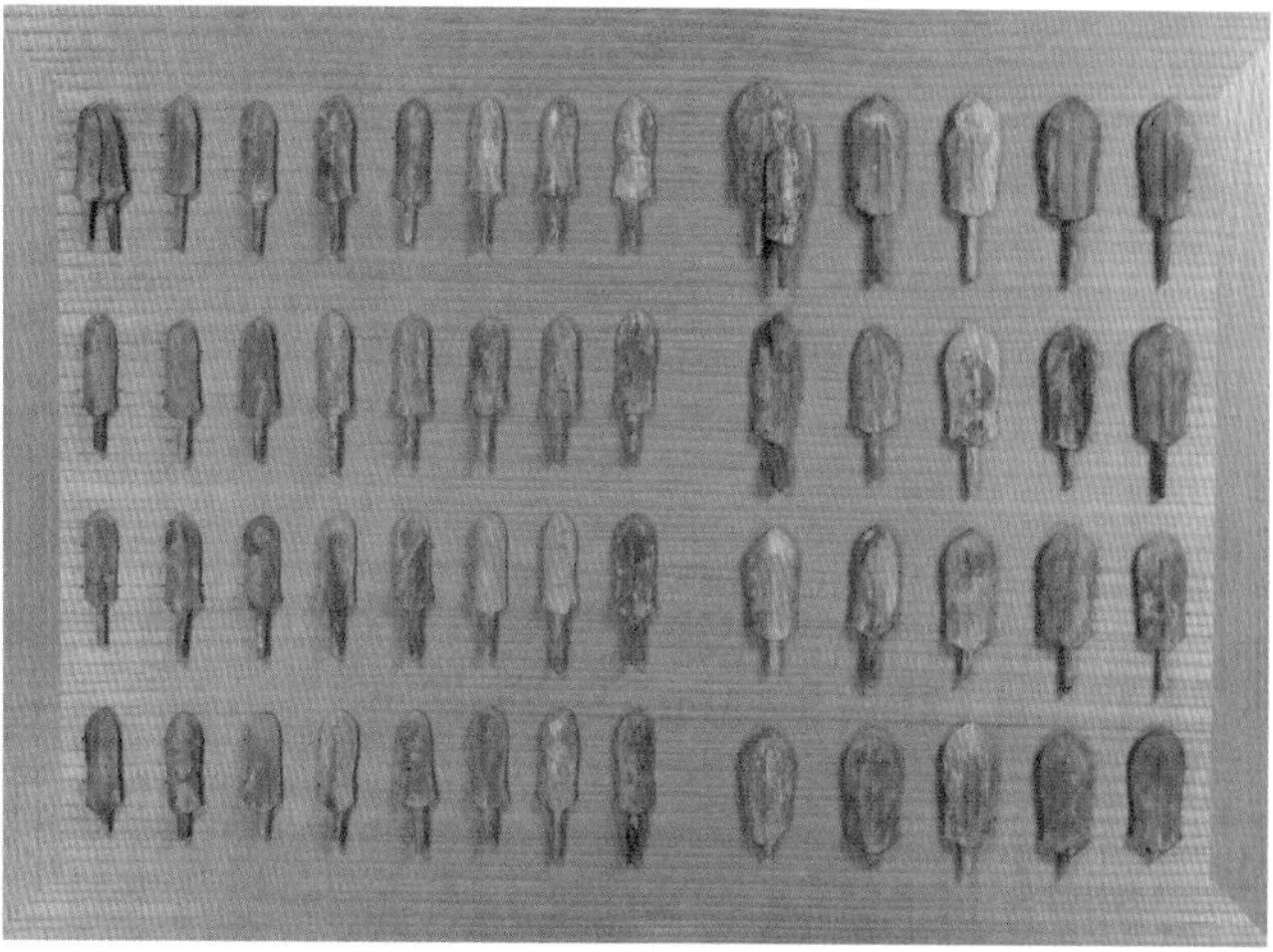

青銅鏃

後円部頂上

もっとも大きな青銅鏡

柳井茶臼山古墳出土　鼉龍鏡

山口県柳井市

古墳から出土したもっとも大きな鏡は、柳井茶臼山古墳の鼉龍鏡。三世紀後半から四世紀前半にかけて日本列島でたくさん製作される青銅鏡（倭鏡）である。高位の古墳ほど大きな鏡をもつとしばしばいわれるが、柳井茶臼山古墳は長さが八〇メートルにとどまり、生産地とみられる大和からも離れている。なぜ、この鏡がここに収められていたのであろう。現在、東京国立博物館蔵。

もっとも多数の鉄製甲冑が出土

黒姫山古墳

大阪府堺市

五世紀の古墳に置かれる品々の中心は、質的にも量的にも鉄製の甲冑（よろい・かぶと）である。今のところもっともたくさんの鉄製甲冑が出土しているのは、古市古墳群と百舌鳥古墳群の中間に位置する黒姫山古墳。全長一一四メートルの前方後円墳の前方部に設けられた竪穴式石室から、鉄製甲冑二四領が出土。古墳に近い堺市立みはら歴史博物館で見学できる。

復元された段築と葺石

DATA

形状：前方後円墳
規模：高さ11.5m（前方部）・長さ114m
築造時期：5世紀中ごろ
埋葬施設：竪穴式石室（前方部）
出土遺物：鉄製甲冑24、鉄製刀剣・矛・鏃など（副葬）

甲冑を副葬した竪穴式石室のレプリカ

こんなところになぜこれが

弁天山古墳

千葉県富津市

古墳を巡っていてたまに出会うのは、「なぜ、こんな所にこんなモノが?」という現象。たとえば、千葉県の弁天山古墳では、地元の石を用いた粗製の竪穴式石室の、蓋石の一つだけが精緻に造形され、縄掛突起をもっている。長持形石棺からの派生ともいわれるが、竪穴式石室の蓋石に縄掛突起を設けるのは、四世紀後半の大和の最高位の大型前方後円墳に例がある。築造時期も地域も格

縄掛突起のついた蓋石

DATA

形状：前方後円墳
規模：高さ6m（後円部）・長さ86m
築造時期：5世紀後半
埋葬施設：竪穴式石室
出土遺物：鉄製甲冑・刀剣・鏃・工具など（副葬）

式も大きく離れた古墳どうしにみられる不思議な共有現象である。

東京湾をへだてて、対岸の三浦半島が見える。『古事記』『日本書紀』に出てくるヤマトタケルの渡海地点に近い

墳丘　右手前が前方部、左奥が後円部

おわりに

世界史的な時空の中での、日本列島各地に散らばる古墳の探訪と検討、いかがでしたでしょうか。くどいようですが、古墳を、大王を頂点とした地位表示とみて、そこから王権の構造や、大王のいる大和や河内と各地との政治的関係を復元しようとする古墳時代研究の主流を見なおす手段になるでしょうか。

じつは、私もほんの数年前まで、この古墳時代研究の主流に属し、それをくわしく深める論文や本を書いてきました。しかし、研究者生活の最終段階に至り、古墳を世界のモニュメントと比較する研究に参加したり、国際学会で海外のモニュメント研究者と議論を深めたりしているうちに、古墳を地位表示とみる主流的見解は一つの仮説にすぎないことを日々痛感するようになりました。古墳の意味についてのさまざまな仮説を研究者のそれぞれが唱え、議論し合うことが、これからの古墳研究のあるべき姿ではないかと思います。

近年盛んな、専門の研究者以外のアーティスト、ライター、さらには中学生も含む古墳の愛好家による本や動画などにも、ハッとするような刺激があります。それも踏まえながら、二十一世紀後半に向けての新しい古墳研究を導く糸口を残しておきたい。この本がその出発点になれば、これほど幸せなことはありません。

この本を作る過程で全国の多数の古墳を歩きまわるとき、たくさんの人びとにお世話になりました。とくに、私の土地勘が乏しい東日本や日本海側などの古墳を丁寧にご案内下さった上野祥史氏、樫田誠氏、河村好光氏、下濱貴子氏、菅原雄一氏、西川修一氏、右島和夫氏には心から感謝申し上げたい。また、本書の構想から編集までを懇切にリード下さったＫＡＤＯＫＡＷＡの竹内祐子氏には、厚くお礼申し上げます。

松木武彦

写真提供および所蔵先（順不同）

・おいらせ阿光坊古墳館提供……八（中）・二二九（上）
・堺市提供……八（左）・九九（上）・二七九（左）
・氷見市立博物館提供……三〇
・河南町教育委員会提供……四〇
・姫路市教育委員会所蔵……四六
・府中市教育委員会提供……四八
・善通寺市教育委員会所蔵……五二
・奈良県立橿原考古学研究所、アジア航測株式会社提供……八三
・加古川市教育委員会提供……八四
・かみつけの里博物館提供……九八（左）
・高槻市所蔵……一〇〇（上）
・東広島市教育委員会提供……一二五（下）
・奈良県立橿原考古学研究所提供……一三〇・二三九・二四三・二七二・二七四—二七五
・藤井寺市教育委員会提供……一三六・二四一・二四五（上1段目）
・堺市博物館提供……一三七（上）
・宮崎県立西都原考古博物館所蔵……一四〇
・郡山市提供……一四一（上）
・柏原市立歴史資料館写真提供……一四四
・御所市教育委員会提供……一五一（下）
・高島市教育委員会提供……一五四
・和歌山県立紀伊風土記の丘提供……一五八
・唐津市教育委員会所蔵……一六〇
・福岡市提供……一六一
・静岡市提供……一八三（下）
・木更津市郷土博物館金のすず提供……一八六・二五〇（右）
・明日香村教育委員会提供……二〇六・二六八
・宮内庁管理……二〇七
・四国中央市教育委員会提供……二一一（上）
・高知大学、清家章氏提供……二一一（下）
・小松市埋蔵文化財センター提供……二一六—二一七
・千葉県立房総のむら所蔵……二二〇（上）
・壬生町教育委員会提供……二二一（下）
・岡山大学考古学研究室所蔵……二二六
・安福寺所蔵、柏原市立歴史資料館写真提供……二二七（上）
・倉敷考古館所蔵……二二七（下）
・奥州市教育委員会提供……二二八（上）
・江別市郷土資料館所蔵……二二九（下）
・広陵町教育委員会所蔵……二三三・二四四
・天理市教育委員会提供……二三六—二三七
・東近江市埋蔵文化財センター提供……二三八（上）
・神奈川県立歴史博物館所蔵……二四〇（上2段目）
・黒住耐二氏提供……二四〇（上1段目）・二四一（左右上1段目）
・国立歴史民俗博物館所蔵……二四〇（上3・4段目）・二四一（右上3・4段目）
・京都大学考古学研究室保管……二四一（左上2・3段目）
・日田市文化財保護課提供……二四一（右上2段目）
・松阪市教育委員会所蔵……二四五（上2・3段目）
・八女市教育委員会提供……二四七
・えびの市教育委員会提供……二四八
・豊中市教育委員会提供……二四九（上）
・大阪大学考古学研究室所蔵……二四九（下）
・島根県立古代出雲歴史博物館所蔵……二五〇（左）
・松山市考古館提供……二五二
・千曲市教育委員会提供……二六四—二六五
・宮地嶽神社提供……二六六—二六七
・氷川町教育委員会提供……二七〇
・ColBase (https://colbase.nich.go.jp)……二七六—二七七（上）・二七八

た

な

は

ま

【参考文献】

・青山和夫・松木武彦「古墳文化とマヤ文明―比較考古学研究事始―」『文明動態学』第1号　岡山大学文明動態学研究所　二〇二二年
・国立歴史民俗博物館・松木武彦・福永伸哉・佐々木憲一編『日本の古墳はなぜ巨大なのか　古代モニュメントの比較考古学』吉川弘文館　二〇二〇年
・近藤義郎『前方後円墳の時代』岩波文庫　二〇二〇年
・白石太一郎『古墳とヤマト政権　古代国家はいかに形成されたか』文春新書　一九九九年
・白石太一郎『古墳からみた倭国の形成と展開』敬文舎　二〇一三年
・辻田淳一郎『鏡の古代史』角川選書　二〇一九年
・都出比呂志『古代国家はいつ成立したか』岩波新書　二〇一一年
・土生田純之『古墳』吉川弘文館　二〇一一年
・広瀬和雄『前方後円墳国家』中公文庫　二〇一七年
・松木武彦『古墳とはなにか　認知考古学からみる古代』角川ソフィア文庫　二〇二三年
・森下章司『古墳の古代史　東アジアのなかの日本』ちくま新書　二〇一六年
・吉村武彦『ヤマト王権』岩波新書　二〇一〇年
・吉村靖徳『九州の古墳』海鳥社　二〇一五年
・若狭　徹『ビジュアル版　古墳時代ガイドブック』新泉社　二〇一三年
・若狭　徹『東国から読み解く古墳時代』吉川弘文館　二〇一五年

古墳

松木武彦

令和6年 6月25日　初版発行
令和6年 10月20日　再版発行

発行者●山下直久

発行●株式会社KADOKAWA
〒102-8177　東京都千代田区富士見2-13-3
電話　0570-002-301（ナビダイヤル）

角川文庫 24217

印刷所●株式会社暁印刷
製本所●本間製本株式会社

表紙画●和田三造

●お問い合わせ
https://www.kadokawa.co.jp/（「お問い合わせ」へお進みください）
※内容によっては、お答えできない場合があります。
※サポートは日本国内のみとさせていただきます。
※Japanese text only

ISBN 978-4-04-400760-7　C0121

◇◇◇